所謂的投資前要做功課，是做哪些功課呢？
小資族、奈米戶甚至是沒閒錢的學生也可以學投資理財嗎？　Soon　著

奈米戶之路
SOON勢而爲

友人的推薦序

來自好友尼克的序

　　大多人可能會覺得投資理財是擁有財富之後的事，但投資，其實是每個人都需要學習的一門課，而且越早越好，在擁有正確觀念前貿然投機不僅可能沒能幫自己錢滾錢，甚至可能把辛苦賺來的財富得賠上。如果能在拿出辛苦賺來的資金前，先擁有正確的投資觀念及分析工具，會讓投資的路上少走很多冤枉路。

　　這本書並不是艱深的技術分析或複雜的市場研究，而是作者長期觀察市場後歸納出的一套分析方式，包含最一開始的基本面、籌碼面、技術面……等，對於想入門的投資新手來說相當容易理解，除了能循序漸開始自己探索投資理財的方式，在這邊更是建議讀者可以詳讀本書後半段心態及策略的內容，相信對於讀者的投資之路會有莫大幫助。

來自好友HY的序

大家都聽過投資理財，那為什麼有人賺錢有人破產？因為運用數據分析和熟悉操作方式。不可能每個人都像真嗣一秒上手，大多數人都會成為跟寧次一樣要借錢幫復這短暫的投資人生。

資料收集跟整理直至內化是最困難的，此書以淺顯易懂的方式切入，從最基本的波紋呼吸到替身攻擊，循序漸進的讓你擁有投資的黃金精神。

投資入門是非常困難的時期，難度就是宮崎老賊等級，沒有任何說明，到你翻開未實現損益看到綠字你就明白大戶與外資的惡意。

這本書就是讓你以終為始，拿斬魄刀把海那端的韭菜都收割的話，我們就……財富自由了。

推薦序

來自好友卡比獸的序

他是我認識過最怪的人，

行動力十足的怪，說到做到的怪。

突然想學保險，考完證照就瀟灑離開；

突然想學鋼琴，就拿回一個社會組獎盃；

突然想學投資理財，學出心得還回到母校辦講座；

突然說想出書，所以我才在這裡寫推薦序。

（最怕不是空氣突然安靜，

最怕的是他又突然想搞什麼事情。）

還沒認識他以前，總覺得投資理財離自己太遠，

字面上的意思我都懂，

但其中的道理，就跟數學一樣，不會就是不會，

而這本書就是給徘徊在新手村門口，

有心但不得其門而入的你最棒的禮物，

省下自己探索的漫漫長路，

在追求（財富）自由的路上，

不用發動地鳴，只要翻開這本書就好了。

來自好友小李飛刀的序

　　首先恭喜Soon老師出書了，Soon老師是我的大學同學，我們都叫他孔明，孔明邀我幫他的新書，寫推薦序。很榮幸能被邀請，於是，我認真的用了兩個星期的時間，幾乎所有空出來的時間，都拿來閱讀孔明的新書，想要寫出好文字，來好好推薦。

　　每次談話的時候，孔明都會和我們聊到寫作出書的一些想法和細節，他總是非常好奇地詢問如何可以讓文章更老少咸宜、平易近人，讓更多讀者喜歡閱讀，聽完之後我覺得非常汗顏，對待讀者的喜好和寫作技巧的精進，我真的不如孔明的熱情和認真，他一旦認定的計畫和任務，絕對全力以赴，而且劍及履及，就行動力而言孔明無異就是夢想實踐家。

　　孔明對於傳承這件事非常有使命感，拼命地想把自己出社會這幾年的經驗分享傳承給投資理財的朋友們，教導他們投資理財的觀念，他擁有太多豐富的經驗，生命中有太多源源不絕的故事，這本書集結了他智慧的精華，像是旁邊有人生導師循循善誘，有緣讀到是讀者的幸運。

　　著書、立說、辦學這三件事，就是一門利他的事業，一直以來孔明思考著如何分享智慧，傳承智慧。雖然勞心勞力，但他總是充滿熱情，有計畫地去實踐。我相信在他

9

的人生道路上，這三件是他會一直做下去的事，因為他有願景又有執行力。

　　這本書集結了他的智慧和投資哲學給投資理財的朋友，與其說是傳承投資理財的經驗，倒不如說他是在傳授一種思維和態度，通常態度對了，事情也就對了。

　　對於這樣一位有智慧又活力四射的大學同學，除了佩服之外，他也是我人生的榜樣。

來自好友艋舺奶香湯翅的序

有時候我們常聽到身邊的人嘴砲說自己賺多少多少，自己好像什麼都不懂，但又好像坦承說自己不懂是一件很丟臉的事情，這時候就推薦看這本神奇的書，自從我看完之後，我考試都考一百分，走在路上都會踩到黃金，足見這本書的 魅力與奧妙。

投資股票是種用真金白銀來進行賽局博弈，也是一種對財務自由有巨大潛力的投資方式。對於生活收入固定或是有限者，透過投資股票是為財富自由提供一個易觸及又直接的途徑之一。本書是一本關於小白及新手在初入股市迷霧的一大良好指南，它提供了投資股票的基礎知識，讓你從小白到大白，並提供股市基本面及技術面的各項解析及判讀技巧。

作者從還沒出生就非常熟悉投資股票，大學時除了打英雄聯盟外，都在看股票，有時候甚至為了股票而拒絕跟室友打遊戲，這種惡習雖不可取，但也塑造他差點成為少年股神的威名，還記得2023年初的雞蛋之亂，本書作者從2年前就開始布局大成，堪稱是雞禽先知，能夠洞悉未來，把預言說在前面的先知，各位阿，你要想想你要怎樣的分析師。

推薦序

　　最後，希望這本書可以讓有幸買到的小白們，都能夠好好吸收到作者潛藏多年的基本功力，並且成為茫茫股海裡的那根浮木。

前言與自序

　　會有出書的念頭是受到朋友同儕的啟發，在寫這本書的當下，我曾經在大學母校舉辦過四場投資理財講座，也曾受邀到台北凱基期貨總公司舉辦一個小型投資股票演講，也有經營IG、臉書Youtube、Line@等平台，我對於分享投資理財這塊非常有興趣，所以當親朋好友想要了解投資台股、美股、買賣保險等，他們來問我，我絕對是傾囊相授，雖然還沒有在投資市場上達到財富自由，但對於股票、期貨選擇權、保險等商品，默默地也花了近五年的時間在研究，對於投資理財也有自己的心得，只不過多數的親朋好友同學們一開始都會有相同的問題，那就是「我不曉得該從何問起，有推薦的入門書籍嗎？」

　　同樣的問題不只一位朋友來問我，親朋好友都很客氣，他們希望是自己先有點基礎再來發問比較禮貌，雖然我有在經營自媒體並上傳影片，透過系列影片的方式讓大家從零開始去認識投資理財，但有部分朋友們比較喜歡看「書」，我自己起初學習投資理財，除了透過影音課程、聽演講以外，閱讀書籍當然也少不了！

　　當時買了蔡森老師的《多空轉折一手抓》，先從技術分析學起，後來又買了《大會計師教你看財報》，學習基

本財報分析，其實投資理財的書籍坊間非常多，不外乎是教學類的工具書、講投資心態面的經驗心得類，或是商品分析與產業分析等，眾多書籍對於一般人來說，光是選書可能就是一大難題，因為不曉得該從甚麼角度切入，所以這本書就誕生了！

這本書主要會談到幾個層面，首先是初入投資市場該有的心態跟宏觀見解，初步了解投資市場有哪些以及哪些指標是需要關注的。

再來談，台股的四大面向分析，基本財報、籌碼資券、技術量價、經濟消息面，大家坊間最常討論的投資話題不外乎就是：「○○股會不會漲阿？」

「能幫我看我買的股票後續會漲還跌嗎？」

這些問題都可以在你讀完這本書以後得到答案！

其實投資理財不一定要等到有錢才來研究，平常學習投資理財跟分析股票經濟數據等，在生活上跟朋友或同事對談也可以創造話題，或者當新聞媒體以聳動的標題在敘述經濟的好壞，最起碼我們能從股市K線、大盤籌碼或是匯率變化等，去判斷這消息是真實度如何，總之這本書能帶給你初步認識這些資訊，當你有了基礎後，要再自己進修去買書或是買課程，最起碼你已經能分辨哪些資訊是適合你的。

我個人推薦給對投資理財有興趣的朋友，沒有閒錢投資也沒差，學起來當作生活的一部分，開啟國際大盤股市圖，也能了解世界各國股市與匯率的變化，現在資訊獲得都很方便，網路都可以買到美股日股了，多學習一項技能可以增添生活上的趣味。

　　好比說資源回收的廢鐵價格，其實跟中鋼的股價有時候會成正比，當廢鐵價格一公斤在低點3～5元時，通常中鋼的股價也不會是高點，2021年鋼鐵大漲，中鋼股價翻倍漲到40元上下，廢鐵一公斤在8元上下，再舉例一個生活相關的油價，你也可以從國際油價的波動與K線，來看看國內汽油的調漲是不是有正相關，雖然說我們加油的量沒那麼大，價差可能沒那麼有感，但在2020年4月，西德州原油的期貨價格是負數時，我的機車光陽125，把油箱加滿100元有找，現在西德州原油油價在90元上下，加滿都要130左右。

　　舉這兩個例子是跟各位分享，投資理財真的很有趣而且離我們很近，再次推薦這本書給想接觸投資理財的朋友，把投資理財當成一種話題也好、生活也好，學起來是有益無害。

目錄

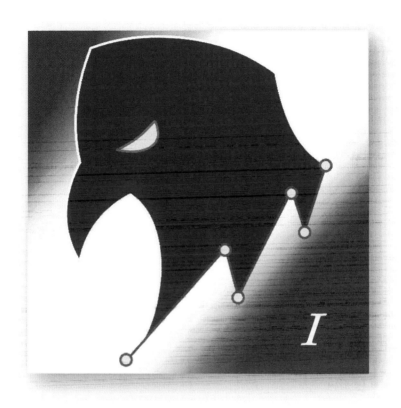

I

基本觀念篇

主動與被動收入、本與利

談一下如何計算投資報酬率，一般我們在投資股票或是房地產，主要的收入方式可以分成兩種，**主動收入**與**被動收入**。

主動收入就是透過買賣賺取價差，比如買一棟房兩百萬，一年後以三百萬賣出，就是賺取一百萬的利潤，買一股台積電300元，一年後以400元賣出，一股就是賺取100元的利潤，主動收入透過買賣的方式會讓你原本持有的商品或標的物消失，藉此賺取其中價差。

被動收入顧名思義，就是無需透過買賣的動作就能收取利潤，比方你定存一百萬在銀行，定存利率2%，一年後你就能賺到 2 萬元，但你的本金依然健在。

若以房地產來看，房地產的被動收入可以是出租，把買來的房子出租一個月八千元，持有房屋的同時還能賺取利潤，以股票來說就是發放股利，股票除了可以用買賣賺取價差以外，有些股票會有穩定發放現金或股票股利，這些也是被動收入的一種。

通常我們會把投資買來的標的物跟商品稱作「**本**」，而這個本所產生的額外收益稱作「**利**」，簡單來說就是用存定存的概念來解釋，你存一百萬的本金，賺取定存利率的利息，但定存的本金不會有波動，然而房地產跟股票這

些投資商品是會有波動的，所以我們才要分別計算主動與
被動收入的報酬率。

報酬率、殖利率與年化報酬率

報酬率的計算方式很簡單，假設有一間房屋買入時是400萬元，一年後賣出500萬元，**報酬率就是用收益去除以本金**。

500萬－400萬=100萬；100萬/400萬＝25%，此筆交易報酬率為25%。

不過這時候你手上已經沒有房屋了，因為你是靠買賣賺取的價差，持有物已經交易出去。

如果今天不是靠買賣的方式賺利潤，而是改成買入400萬元的房屋，然後以**每個月8,000元出租**，這時候你一年的利潤就是8,000x12 =96,000。

再用這租金收益去除以本金，9.6萬/400萬=2.4% 出租的報酬率一年是2.4%，不用賣掉房子就有2.4%的租金報酬率，通常投資客會用租金報酬率跟房貸利率去做比較，如果房貸利率低於2.4%，那這筆投資在能穩定出租的前提下，就是有套利的空間，等於拿房租去繳房貸還有剩餘資金可以運用。

租金收入對應在股票上就是股票發放的現金、股票股利，股利是你不用賣出股票就能獲取的利潤，假設有張股票今年宣布發放2元現金股利，你買的股價是20元，這支股票殖利率為2/20=10%。

上述談完報酬率的算法後，我們再加入一個因素讓報酬率更好比較，這個因素就是**時間**！

　　一般我們常用「**年**」為時間單位去比較報酬率，再用剛剛提到的例子來看，我買入房屋400萬元，一年後出售500萬元，報酬率為25%。

　　但如果我今天是兩年、三年或者四年後賣出呢？

　　這時候可以用一個公式，去讓報酬率都以一年的報酬率為基準單位。

　　(1+**報酬率**)^(1/**投資年限**)－1 〈可用excel計算〉

　　假設我買入房屋400萬，**兩年後**出售500萬元，報酬率為25%，套入公式 (1+25%)^(1/2)－1＝22.4%。

　　你會發現同樣都是賺100萬元，報酬率都是25%，但一年後出售跟兩年後出售的年化報酬是有差異的，花一年跟兩年賺25%，報酬率相同當然是時間花越少越好，年化報酬率可以比較在不同時間點賣出房屋的報酬率，通常都用年為單位，當然若要再龜毛一點細分成日報酬、月報酬，改一下公式就能得到了。

　　再補充一個情境，假設我買入房屋400萬元，三年後出售500萬元，其中有出租兩年，兩年租金總收入是20萬，第三年的年化報酬怎麼算？

　　首先把第三年的總收入都算出來，500萬－400萬＝100萬，這是買賣價差收入，另外還有20萬租金收入。

1. 基本觀念篇

第三年總收入是120萬元,成本為當時的400萬,報酬率為120/400=30%,但這30%報酬率花了三年才得到的,所以要利用前面的公式來轉化成年化報酬率。

$(1+30\%)^{(1/3)}-1 = 9.13\%$,這9.13%就是你這筆交易的年化報酬率。

知道年化報酬率的算法後,若聽到小明跟你討論說:「投資這塊土地,讓你五年後翻倍,算一算你一年有20%的報酬率!」

翻倍就是報酬率100%,真的一年是20%的報酬率嗎?

小明的算法是翻倍100%除以五年,但這算法少了時間,不夠貼近真實,所以套用年化報酬率的公式來看,應該是$(1+100\%)^{(1/5)}-1=14.8\%$

年化報酬率為14.8%而非20%!

這招年化報酬可以讓各位評估自己的投資報酬率,畢竟有些股票可能持有一年以上,等到N年後要出售,就能拿來評估自己做的交易;此外這招拿來計算儲蓄險保單的報酬率也是非常好用,坊間很多儲蓄險保單可能要繳兩年、六年、十年或二十年等,因此在計算該份儲蓄險保單的報酬率時,得要用年化的方式來計算!

計算的方法跟上面一樣,假設你是買六年期的儲蓄險保單,然後你在第八年打算解約領回保險金,你只要計算

出在這八年期間，你總共付出多少成本、拿回多少保險金，這樣就能計算出報酬率，再用報酬率套入八年的年化報酬公式，就可以算出來了，儲蓄險保單哪家最划算，透過這方式就可以自己去比較！

計算年化報酬率建議用excel表格計算，只要在儲存格內打上：

＝(1+報酬率)^(1/投資年限)－1

excel就會自動幫你算出來。

這邊跟大家講一個儲蓄險觀念，假設你都是六年後要解約領回，那麼躉繳（一次繳）的利率會是最好的，繳費年期越長的通常算出來的年化報酬都比較差，這其實很好理解，你就想成一次付清跟分期付款，通常設計保單的人會把時間因素也考慮進去，各位不妨可以試著計算看看，同家公司且同幣別的儲蓄險保單，通常都是躉繳或短年期的年化報酬率比較優，但消費者就是得在一開始付出比較多的成本，長年期的雖然前期負擔不大，但計算出來的年化報酬率通常都比短年期的差！

股票買賣方式

　　來談一下買賣股票的實際操作流程，首先你得先有證券戶，可以至各大券商去開戶，開戶流程可以上券商官網去看，目前也有網路券商甚至不用出門就能完成開戶，至於該怎麼選擇券商呢？

　　我個人是建議先選你覺得方便的，比如上下班會經過或是離住家比較近的券商，華南、元大、凱基等等，若你會在意手續費、折扣等，可以自行上網去查詢各家券商的相關資訊，開戶完成後你就會拿到看盤軟體，早期買賣股票會透過電話聯絡營業員，現在幾乎都用電子軟體自行下單，拿到看盤軟體後就可以開始挑選你想要觀察的股票，軟體使用上的問題，可以詢問你的營業員。

　　股票是先成交後付款，開立證券戶之後，券商會給你一個銀行交割戶，這個銀行交割戶就是專門用來扣股款，比如你在禮拜二買進一張中鋼20元，即使你戶頭裡面沒有錢，但依然可以成交，在成交後的T＋2日會做扣款的動作，你所要做的事情就是確保在扣款日當天帳戶裡面有足夠的錢即可，所以禮拜二買的中鋼會在禮拜五進行扣款。

若戶頭裡餘額不足可能會收到營業員電話，真的超過扣款日就會觸犯違約交割，這些細節要先了解，通常會建議成交後的當下就先去確認戶頭是否有足夠的錢。

　　股票買賣是透過買方跟賣方，雙方掛單後再由系統進行撮合，所以五檔報價是一定要認識的，台股一張是1000股，不足一張稱零股，五檔報價上是一股的價格，所以買入一張一股20元的股票，你要準備兩萬元加上手續費，手續費的計算就看各家券商，再自行查閱。

圖1-2　最佳五檔範例

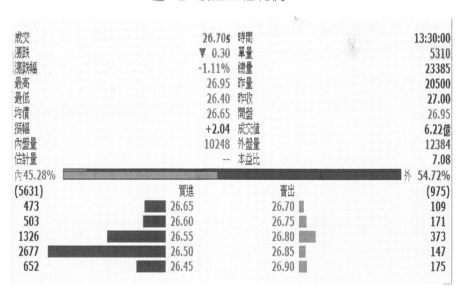

成交	26.70s	時間		13:30:00
漲跌	▼ 0.30	單量		5310
漲跌幅	-1.11%	總量		23385
最高	26.95	昨量		20500
最低	26.40	昨收		27.00
均價	26.65	開盤		26.95
振幅	+2.04	成交值		6.22億
內盤量	10248	外盤量		12384
估計量	--	本益比		7.08

內45.28%　　　　　　　　　　　外 54.72%

(5631)	買進	賣出	(975)
473	26.65	26.70	109
503	26.60	26.75	171
1326	26.55	26.80	373
2677	26.50	26.85	147
652	26.45	26.90	175

　　以圖1-2為例，左下是買方的五檔，26.65元有473張在排隊、26.6元有503張在排隊以此類推，買賣股票要先送出委託單，比如我掛買入一張26.6元，這時候系統會先確認你是否委託成功，**委託成功不等於成交**，目前場上掛26.6元的有503張，所以我委託成功後，當下會變成504張，我必須要等前面的人都成交了，輪到我才能順利成交。

　　所以我若想馬上買到這張股票，我可以考慮掛買26.7元或是26.75元，圖示的右下顯示，場上掛賣26.7有109張、26.75有171張以此類推，所以我掛買單26.7或26.75馬上成交的機率很大，為什麼會說機率很大而不是一定馬上成交？

　　因為這五檔報價是隨時都在變化，很可能在遇到大波動或快市，下一秒就價格就急速上漲或下跌，尤其是期貨跟選擇權，遇到大波動常常這樣，但如果是比較沒波動的個股，到不至於有這個問題，只要稍微觀察一下張數跟價格，然後在看你想用甚麼價格做買入或賣出。

　　這邊再次提醒各位，委託成功不等於成交，同樣以圖1-2為例，假設我資金有限只想買三張，我在早上十點掛買26.5三張，到了中午發現價格都沒下來，所以我又掛了26.6三張，那這時候我的委託單總共有六張，萬一價格真的跌下來的話，我很可能最後成交是六張，然而股票是先

成交後付款，雖然帳戶沒錢但我依然算成交，我得在T＋2日前在交割戶補足股款，所以要記得，如果要更改委託單或是新增委託單，一定要先去查看先前的委託單有沒有刪除，不然就會發生成交了結果沒錢付的窘境，這種案例還真的很常見！

什麼是台股大盤？

　　台股的市場分成三種，上市、上櫃和興櫃，上市上櫃都有漲跌停限制，也就是說股票的漲跌一天最多就是10%，而興櫃是沒有漲跌停限制的，上市跟上櫃用不嚴謹的概念來說，你可以想成類似球隊的一軍跟二軍，達到上市的標準比較嚴謹，需要公司個股設立滿三年、實收資本額六億等，還得觀察獲利情況跟財報，經主管機關認可才可以上市，這部分的法規有興趣可以自行查閱。

　　一般我們通稱的大盤指數都是指上市加權指數，上市加權指數是由在上市的個股用股價跟交易的權重占比，計算出來的指數，就好比在國高中學校的總成績，以前學校若是唸普通科的學生，成績計算方式會把國英數的占比提高，體育藝術類的占比偏低，這樣計算出來的類似於台股的加權指數，當然啦，如果你是唸職科的學程，專業科目的占比就會大於國英數的占比。

圖1-3 台股加權指數成分股市值比重

臺灣證券交易所發行量加權股價指數成分股暨市值比重

排行		證券名稱	市值佔 大盤比重
1	2330	台積電	26.3189%
2	2317	鴻海	3.401%
3	2412	中華電	2.127%
4	2454	聯發科	2.1191%
5	6505	台塑化	1.8994%
6	2308	台達電	1.5806%
7	2881	富邦金	1.4876%
8	1301	台塑	1.3259%
9	1303	南亞	1.2761%
10	2882	國泰金	1.2654%
11	2303	聯電	1.0733%
12	2886	兆豐金	1.0444%
13	2002	中鋼	1.0105%
14	1326	台化	0.9741%
15	2891	中信金	0.9308%
16	1216	統一	0.9197%

◇圖1-3日期為2022/10/2

1. 基本觀念篇

　　圖1-3是台股大盤指數的權重占比，可以發現台積電佔比約26%，第二名的鴻海約3.4％，光是台積電就貢獻大盤將近三成的比重，就好像唸會計系的同學，你的會計考試佔比一定是最大，國英數考試考得不理想還有救，但會計考試不能考太差，否則會對你的總成績有極大影響！

　　台積電的重要性也是如此，只要台積電表現不好，是足以拖累整個大盤，一般我們會把這些權重占比高的個股稱為權值股，這幾檔權指股與大盤走勢有非常緊密的關係，只要權值股表現不好，大盤指數就很難有表現，相對地；今天如果有幕後操盤手想要把大盤指數往上推，那買誰最快？

　　答案就是台積電！因為它的佔比最大，通常這些操盤手會透過買賣台積電去控制指數漲跌，或者用聯發科這些權值占比大的權值股。

圖1-4 台股類股當日成交比重排行

商品	成交	漲跌	漲幅%	成交值	成交比重%▽
電子	581.20s	▼8.28	-1.40	1184.36	56.9138
半導體	262.99s	▼3.30	-1.24	633.91	30.4622
電子零組件	138.03s	▼3.87	-2.73	194.94	9.3679
航運業	145.59s	▼7.30	-4.77	170.44	8.1904
金融保險	1388.04s	▼39.32	-2.75	130.41	6.2669
電腦及週邊設備	112.72s	▼1.58	-1.38	103.49	4.9730
化學生技醫療	100.44s	▼4.89	-4.64	96.47	4.6356
光電	29.60s	▼0.68	-2.25	94.08	4.5212
其他	308.32s	▼11.67	-3.65	81.70	3.9262
生技醫療	59.20s	▼3.27	-5.23	77.89	3.7431
通信網路	121.94s	▼1.98	-1.60	75.35	3.6209
其他電子	93.77s	▼0.40	-0.42	70.47	3.3862
電機機械	195.34s	▼6.69	-3.31	52.74	2.5344
塑膠	215.30s	▼5.01	-2.27	34.02	1.6349
汽車	296.04s	▼8.28	-2.72	29.82	1.4328
電器電纜	83.10s	▼5.44	-6.14	23.17	1.1135
鋼鐵	124.72s	▼3.89	-3.02	21.25	1.0211
化工	116.28s	▼4.92	-4.06	18.57	0.8924
貿易百貨	258.00s	▼3.20	-1.23	18.17	0.8732
觀光	96.70s	▼3.91	-3.89	18.07	0.8681
水泥	147.00s	▼4.55	-3.00	16.07	0.7720
紡織纖維	534.26s	▼12.61	-2.31	15.61	0.7499
食品	1770.18s	▼19.02	-1.06	10.90	0.5236
建材營造	330.16s	▼7.62	-2.26	10.45	0.5021

權值股的排行是會變化的，在2021年台積電權值佔比大盤甚至超過三成，航運三雄也擠到前十名內，直到2022年三月，美國開始宣布升息後，航運類股就掉到十名外，掌握到台股成交的重心，還有一個指標就是成交比重，成交比重通常是顯示單日的交易重心在哪個族群，台股主要是以電子半導體為主，在2020年電子成交比重單日平均在七成左右，2021年的航海王時期，航運類股成交比重有超過四成，而該年度的電子成交比重掉至五成，即便是降息熱錢氾濫的環境，資金仍然是有限的，類股輪動此消彼漲。

圖1-4是2022年十月十三日的成交比重圖，升息效應下，外資瘋狂賣超台股，台幣貶值、美元升值，導致整個台股成交量萎縮，資金緊縮下的成交比重依然是電子半導體為重心，股市是經濟的櫥窗，台股大盤指數若要想創新高破兩萬點，以當前的權值股來看，台積電、聯發科、鴻海等這些科技業，必須有外資的熱錢來注入，然而現在大環境是升息階段，外資賣超台股的情況下，台股大盤就不太有機會繼續轉強，反而要留意大賣超後空頭的走勢！

基本面

基本面─財務報表

影響股價的面向大概可以分成四種，基本面、技術面、籌碼面、消息面，通常個股的基本面指的就是財務報表，只要是上市或上櫃的公司個股，按照法規規定每三個月都要把財務報表公布公開，按照三個月為周期也就是常看到的Q1～Q4，第一季～第四季的稱謂。

分析財報常見的名詞不外乎就是本益比、股價淨值比、營收成長率、自由現金流量等，這些名詞對於有學過會計學的人應該不陌生，沒學過會計學也不用擔心，我會用淺顯易懂的方式盡可能說明幾項常用的指標。

財報的編列方式是由會計五大要素所組成，分別是資產、負債、股東權益、收入以及費用，看到這邊千萬別急著頭痛或是闔上書本，我用簡單的例子讓各位體會一下流程，今天假設我開設了一家鹽酥雞店，名為小明鹽酥雞，創業起初我得先租店面、買設備、購買食材原物料等，這些就是屬於資產，然後我購買設備或是食材不一定是用現金付款，畢竟剛創業通常需要一筆錢做周轉金，所以我向銀行貸款了一百萬元做為創業基金，並且向肉品廠商買食材是用支票付款，這裡的貸款一百萬還有支票票據就是屬於負債，接下來我就是準備聘請員工並開始營業，營業所賺取的收入在會計要素中就是收益，鹽酥雞店所花費的耗

材沙拉油、食材支出這些就是會計要素中的費用，我們假設一天的平均收入是兩萬元，扣除成本每天是淨賺五千元，這邊的名詞在財報上就是營業收入兩萬元、營業成本一萬五千元、營業淨利五千元。

以上假設成立後，我如果要把這家鹽酥雞店上市上櫃成股票的話，我的股價大概會值多少呢？其實這個答案應該是由市場去決定，得看當時的大環境還有投資人對我這間小明鹽酥雞股票的買賣意願，財報就等於是我這間公司的表現，我們先來看幾個常用財報指標，首先是本益比。

本益比＝（股價）／（每股盈餘eps）

每股盈餘怎麼來的？就是前面提到的營業淨利扣除所得稅後，產生的稅後淨利去除以流通在外的股數，比如某公司稅後淨利一年一千萬元，流通在外股數有一百萬股，一千萬元除以一百萬股，那每股盈餘eps就等於10元，意思這間公司的獲利能力是1股可以賺10元。

所以本益比實質上的意義是衡量這家公司的「獲利能力」，評估它每年能賺多少錢去除以流通在外發行的股數，再用股價去除以每股盈餘，我們就能知道投資人買了這檔股票多久能回本，好比剛剛舉例的1股賺10元。

做以下兩種假設

A：假設股價是20元，本益比就是20 / 10 = 2

B：假設這檔股價是200元，本益比就是200 / 10 =20

本益比這個數字通常是越低越好，以A情境來看，代表我買了1股花20元，而你公司每股盈餘eps是賺10元，所以我回本的速度按年來算為2年。

以B情境來看，我買了1股是200元，每股盈餘eps一樣是10元的情況下，我回本速度按年來算為20年。

從本益比的公式我們可以推斷，如果要達到低本益比的話，由於公式是股價除以每股盈餘，所以股價要越低越好且每股盈餘要越高越好，這樣就能達到低本益比。

這邊重點來了，本益比真的越低越好嗎？

我們需要反向思考的是，一間公司如果每股盈餘獲利很高，但股價卻很低，你可以解釋說市場低估了它，所以我們要大膽買進，等待市場回來發現它，同時你也要警覺到一件事情，為什麼本益比這麼低的公司沒人敢投資？

股價為何漲上不來？

這就是股票有趣的地方，影響股價的因素很多，千萬不要單靠一個指標就去推斷股價，在2021的七月，航運股股價創新高，主因是因為疫情塞港導致供不應求，國際運費直接翻倍飆漲，既然國際運費飆漲代表航運的每股盈餘

肯定是上漲的，長榮都賺到發40個月年終，那請問各位一個問題，這是常態嗎？

國際運費在未來會不會有調降回到平穩的可能呢？

如果有的話，另一個層面意味著航運股的營收即將走下坡，而個股的股價是反應未來，所以在當時航運類股雖以飆漲的方式上衝，拉回也是用腰斬的方式回到區間震盪。

這裡重點在提醒各位，一般對於本益比的解讀都是越低越好，實際上低本益比同時也宣告一件事情，就是可能這家公司的營收是目前的巔峰，未來營收能否持續成長，我們就得搭配其他指標來觀察，再次提醒，千萬不要用單一指標去斷定股價的漲跌，本益比只是眾多指標中的其中一個而已。

況且本益比是在公司營收為正才能使用的指標，今天如果公司的營業淨利是虧損的，那本益比是算不出來的，沒營收就等於沒有稅後淨利也就不會有每股盈餘，沒有盈餘就無法用本益比，這時候只能看其他指標了。

股價淨值比

淨值就是用公司的總資產減去總負債。

資產跟負債的概念在剛剛小明鹹酥雞店有粗略說明，

就是把公司的資產像是機器設備、存貨、土地店面等，跟負債比如貸款、應付支票票據等做一個清算，我們得到的就是這家公司淨資產有多少，用股價去除以淨值意思就是，投資人花一元買到公司多少資產，我知道講到這邊或許有部分人會覺得抽象，其實資產負債跟淨值比的觀念就很像在形容人的身價，正在讀這段的朋友，你們會怎麼初估自身的身價呢？

　　最快的方法就是，把你名下的財產減去負債，好比你有一台機車跟一台汽車總價值40萬元，也許你的負債是汽車貸款15萬元，所以你的淨值身價大概就是25萬元。
你可能會說：

　　「但我有在上班賺取薪水阿，這些也要算吧！」

　　有想到這點給你一個讚，上班的薪水是你賺的來的，這概念上更貼近獲利能力，也就是類似營業收益的收益面，用薪水衡量就像是本益比的概念。

　　由此可知資產負債淨值比並不適合任何人，好比一個18歲唸設計系的小華，名下財產只有一台機車殘值5萬元，負債有學貸15萬元，此時他的身價是負的，那這能代表小華是個廢渣或米蟲嗎？

　　當然不能！

　　我們評估一個人除了財產跟負債外，還得看他的未來

發展性，現在的小華是淨值為負，但將來出社會找到年薪百萬的工作時，搖身一變就成了社會成功人士，而這個年薪百萬套用在財報上就是類似eps的概念，也就是小華的獲利能力，所以淨值對於人來說雖然是可以粗估，但不同身分職業得用不同的角度去思考，有些適合用淨值比有些可能適合本益比，這端看公司產業跟行業特性去定調。

我的一位高中同學他是做養殖業的，起初投了很多創業基金在養雞場上，承租土地、購買雞隻、飼料等，剛開始都是負債累累，但雖然是負債，每個月的淨營收卻不容小覷，類似這種養殖業我們在評估股價時比較常看營收跟盈餘來當作指標，若你單看淨值覺得他是負的就不想投資，那可能會錯過未來的富人～

另外前面提到的EPS每股盈餘，市場上常有人用EPS去判斷股價的未來發展性，觀察公司財報的EPS是否有穩定向上成長，或者用近四年的EPS平均數去推估未來的獲利能力，但這些只是一個「預估」概念，過去的表現優異不代表未來會如預期發生，做投資還是多看幾個面向跟指標，以便提高分析資訊的準確度。

因應不同產業的特性，評估財報的觀念也會跟著不同，台股的上市跟上櫃市場有先分成十幾大類產業，這十幾大類產業我們可以去細分成性質相同的公司，方便做財務報表上的比較。

11. 基本面

　　比如通路業的統一超跟全家，兩大超商龍頭，財報比較也相對有所本，或是像電信三雄中華電、台灣大、遠傳，亦或是晶圓代工的台積電、聯電，雖然說公司性質是相同，當然你要更深入研究它們之間的差異化或競爭優勢就端看個人操作，市場上確實有這樣的職業類別，一般稱作產業研究員，而且蠻多金融業跟投顧業都有在訓練這方面的人才，去挖掘該公司是否未來有發展性以及能否是不是適合投資，或是將調查完的研究報告呈現給投顧分析師。

　　各位在電視上看到的投資分析師解盤內容，有些資料來源就是由產業研究員所提供，專門去找好的標的或是研究當前熱門的個股，進行財報、技術面、籌碼面等各面向分析後，將整理好的內容交給公司內部，在金融業界要聘請產業研究員都蠻看重學歷跟相關科系，有些甚至是只請碩士以上學歷。

　　不過我們身為奈米戶投資人，倒也不需要說為了投資去念個財金碩士，投資除了財報以外還有很多東西可以參考，更重要的是你的心態與資金控管，說白了這些研究內容只是用來提高獲利的「機率」，並不存在看了某某指標或是研究哪種方法就能100%穩贏，這同時也是投資有趣的地方，人人有機會～

股利政策—存股必看指標

投資股票除了賺取買賣價差以外，領取股息也是吸引投資人放長期的誘因，股票所發放的股利分兩種，現金股利與股票股利，現金股利很好理解，就是看公司在股東會宣告今年會發放多少現金股利，以中鋼為例，中鋼在2022年預計發放3.1元現金股利，意思是每股會發給你3.1元台幣，股票一張是一千股，持有一張就是領到3100元，至於有些是持有零股（不足一張），就按照股數去分配，比如你持有1200股，一共就是領到3.1*1200=3720元。

股東會會擬定除息日程，我們只需要注意除息日跟填息日數即可，以上述中鋼為例，除息日當天的股價會先跌約3.1元，所以要注意的是，領取股息其實是在領你自己的成本，中鋼在2022年7月26日除息，股價開盤先跳空跌幅約3.1元，從原本31.3元跌到28元左右，這時候我們要觀察中鋼後續走勢，要等它上漲到除息前一個交易日價格才算填息完成，這樣才算回本，不然後續股價若持續下跌，你雖然領到股息但卻賠了價差。

圖2-1 中鋼歷年股利政策（來源：台灣股市資訊網）

* 連續39年配發股利, 合計70.11元

| 股利發放年度 | 股東股利 (元/股) | | | | | | | 股利總計 | | 填息花費日數 | 填權花費日數 |
| | 現金股利 | | | 股票股利 | | | 股利合計 | 現金(億) | 股票(千張) | | |
	盈餘	公積	合計	盈餘	公積	合計					
2022	3.1	0	3.1	0	0	0	3.1	488	0	-	-
2021	0.3	0	0.3	0	0	0	0.3	47.2	0	1	-
2020	0.5	0	0.5	0	0	0	0.5	78.7	0	32	-
2019	1	0	1	0	0	0	1	157	0	341	-
2018	0.88	0	0.88	0	0	0	0.88	138	0	2	-
2017	0.85	0	0.85	0	0	0	0.85	134	0	7	-
2016	0.5	0	0.5	0	0	0	0.5	78.7	0	11	-
2015	1	0	1	0	0	0	1	157	0	319	-
2014	0.7	0	0.7	0.2	0	0.2	0.9	108	309	18	18
2013	0.4	0	0.4	0.1	0	0.1	0.5	61.1	153	3	3
2012	1.01	0	1.01	0.15	0	0.15	1.16	152	226	4	4
2011	1.99	0	1.99	0.5	0	0.5	2.49	269	676	2,395	2,395

到這裡你可能會問，那我要參與配息應該要持有股票多久呢？

　　其實很簡單，你只要在除息日前持有股票都可以參與配息，這制度很公平，想領股息一定要被除息扣到股價，以上述中鋼為例，你只要在7月26日以前持有中鋼，都可以參與當年度的配息，因為在7月26日除息當下，它開盤會先下跌3.1元也就是你將來會領到的現金股利，到這邊你會發現，除息發放現金股利不是越多越好，到頭來你參與配息時，股價會跌更多，所以這裡才要跟各位強調，**除息跟填息是兩回事**，股票要真的賺到股息一定是要有填息完成才能算賺到，不然就是賺了利息卻賠了本金。

　　剛提到填息日數，通常填息日越短越好，這是一種強勢股的訊號，中鋼在2021年的填息日是1，也就是說當天就完成填息，而該年度也是中鋼股價最強勢的一年，填息成功意味著投資人就算賣掉股票，也等於賺到股息，但如果遲遲都沒有填息完成就要小心了，代表股價自除息日之後就一直下跌，即使有配息一旦你想賣出股票，就要做好賠本金的準備。

　　其實各位可以把股票的價差跟股息，這種「本」跟「利」的概念想成是買房子，買房子當投資通常就分兩種，一種是賺取價差，買了精華地段等房價上漲後賣掉，

11. 基本面

賺取價差，另一種就是收房租，買了之後出租給學生或上班族，每個月收房租，收房租的概念就很像買股票領股息，你得持有房屋才能有房租收入，那這時候就很好做比喻了，當你買了一間房假設三百萬，然後每個月出租7500元，一年收9萬元租金，這樣算下來你一年投資報酬率有3%，就是用9萬除以300萬得到的3%。

　　若你都順利出租那麼這3%就可以算是穩定收入，但這裡有個小陷阱，房價本身是會波動的，所以你的房價有可能會因為周遭淹水、升息或是其他因素，房價本身有可能會下跌（雖然現在的房價是越來越貴～），假設你在出租的第二年發現，周遭房價一直下滑，從原本價值三百萬變成兩百五十萬，雖然你仍然可以出租賺取租金，但這心裡應該會不好受，賺了租金但賠了房價！

　　不過只要你不賣房，這個虧損是不會被實現的，跟股票的邏輯一樣，你持有中鋼可以領取配息，即使它下跌，只要它有配息你沒賣股票還是可以繼續領，俗話說的「沒賣就沒虧」（這要用台語唸）這種狀況等於是把你的錢卡死了，必須能填息的股票才值得去存股，至於它何時會填息就需要其他指標來判斷。

這邊提供給大家幾個思考點，關於挑選適合存股的邏輯：

　　一、連續每年都有配發股利

　　二、股價呈現正成長或穩定

　　三、殖利率要大於無風險利率

　　圖2-1中鋼左上角有統計出已連續39年都有配發股利，值得觀察的是過去這近40年一定發生許多金融危機、天災人禍、升降息循環等，既然中鋼能夠連續39年都發得出股利，我們可以大膽假設它將來還會持續發放股利，當然這只是根據過去經驗來推論，凡事都有萬一，只能說它高機率會持續配發。

II. 基本面

圖2-2　中鋼年K圖

　　中鋼的在過去二十年內,股價波動平均是在20～35元,少數情況會有極端值,相對科技股或生技股來說,二十年內的波動算小的,再者中鋼本身是由政府出資的民營企業,不大可能隨便就倒閉下市,下市的機率很低。

　　綜合了基本面跟股利政策後,中鋼其實一直都是蠻多投資人存股的標的之一,說不定各位你們的親朋好友跟長輩們就有買中鋼當存股。

何謂ETF？

前面提到中鋼是許多投資人會作為存股的標的之一，另外常見的存股族群像是食品、電信三雄、金融類股、甚至是大盤連動的ETF基金0050、0056等，這邊先來解釋一下什麼是ETF。

ETF又稱為指數型基金股票，它本質上是股票，買賣方式跟股票一樣，ETF的股價基本上是追蹤某項商品或指數，依據這項商品或指數的漲跌去跟著連動，比方說石油，一般我們要想投資石油，總不可能買汽油回家擺著，然後等高價再賣出，一定是透過金融商品去投資，石油常見的有期貨，像是海外的紐約輕原油、布蘭特原油，但不是每個投資人都有海外的券商，所以商人的腦筋動得很快，就乾脆自己當莊家開一個商品，這項商品價格漲跌跟石油的價格連動，在台灣就有元大S&P石油(00642U)可以讓投資人投資，這檔元大S&P石油就是由元大發行的商品，追蹤WTI西德州輕原油期貨的ETF，只要西德州原油期貨上漲，這檔元大S&P石油的股價就會上漲。

同理像是元大S&P黃金、國泰中國A50、富邦印度等，看名稱大概可以猜得到分別是元大發行追蹤黃金價格的ETF；國泰發行追蹤中國陸股A50指數的ETF；富邦發行追蹤印度國家指數的ETF，這些ETF的資料都可以在公

開資訊觀測站查得到，有個廣告詞說，投資理財有賺有賠，詳情請閱公開說明書，買ETF之前建議先去了解這些ETF實際上是連結那些商品或指數。

像是剛提到的元大S&P石油是連結西德州輕原油期貨，所以它的波動就跟紐約輕原油、布蘭特原油不一樣，雖然都可以看成是石油，但實際上是不同商品。國泰中國A50的成分如圖所示，有15%是投資貴州茅台，裡面的持股比例也建議各位要瞭解一下。

圖2-3 國泰中國A50成分股（來源：國泰投信官網）

（股票代號：00636 簡稱：國泰中國A50）

🖨 列印

股票名稱	比重
貴州茅台	15.18%
寧德時代	7.01%
招商銀行	4.56%
五糧液	4.05%
長江電力	3.49%
比亞迪	3.30%
中國平安	3.05%
隆基股份	2.49%
邁瑞醫療	2.31%
興業銀行	2.28%
中國中免	2.27%
山西汾酒	2.27%
工商銀行	2.16%
瀘州老窖	2.14%
海天味業	2.05%
牧原股份	2.02%
東方財富	1.87%

II. 基本面

購買ETF要看連動性好不好可以抓K線圖來比較，我以國泰中國A50為例子，我們就去找中國A50指數的走勢，直接抓同段的時間下去比較，從這圖2-4和圖2-5來看，其實連動性很高，這樣就可以確定這檔國泰中國A50，確實是有跟中國A50有連動，這是一種比較懶人的做法，最直觀的驗證方式。

圖2-4　國泰中國A50

52

圖2-5 富時中國A50指數（來源：富途牛牛看盤軟體）

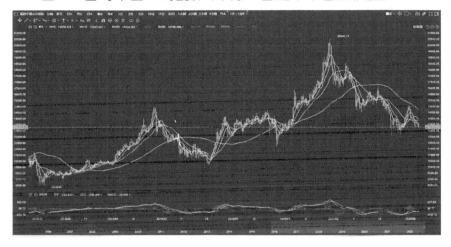

II. 基本面

來談一下台灣最有名的ETF 0050跟0056。

　　這兩檔之所以熱門除了他們跟台股大盤走勢有連動以外，穩定配息也是它們的招牌，我們一樣用上述的方法去檢視這兩檔ETF，首先是0050，圖2-6光是台積電就占比46%，等於說買0050就是持有了二分之一的台積電，台積電在台股大盤的權重占比將近三成，幾乎跟大盤連動的ETF都會持有台積電。

　　ETF不見得全部都會持有股票，有些可能會持有美元、債券等其他投資商品，這些持股比例分配都可以在公開資訊觀測站查得到，或是直接搜尋該ETF發行公司的官網，像是元大發行的0050台灣50，在元大投信的官網就有公開說明書可以看。

　　圖2-6跟圖2-7我擷取資料的時間是在2022年9月份，最新的資料各位可以去元大投信官網查看，因為0050跟0056本身有汰弱留強的機制，元大投信會根據投資市場風險變化，來調整ETF成分股的比例，0050裡面的個股與佔比率都會定期調整，這點大家可以留意一下！

圖2-6　0050成分股（來源：元大投信官網）

商品代碼	商品名稱	商品權重
2330	台積電	46.89
2317	鴻海	5.16
2454	聯發科	3.71
2308	台達電	2.22
2303	聯電	1.91
2412	中華電	1.85
1301	台塑	1.74
2891	中信金	1.67
2881	富邦金	1.6
2886	兆豐金	1.57
1303	南亞	1.52
2884	玉山金	1.51

II. 基本面

圖2-7　0056成分股（來源元大投信官網）

商品代碼	商品名稱	商品權重
2382	廣達	4.64
2324	仁寶	4.53
3034	聯詠	4.4
2301	光寶科	4.38
2609	陽明	4.33
2357	華碩	4.13
2409	友達	4.09
2603	長榮	3.98
1102	亞泥	3.88
4938	和碩	3.83
2377	微星	3.82
2303	聯電	3.7
1101	台泥	3.69

再來看一下0056的成分股，如圖所示，0056並沒有持有台積電，0050跟0056一直會有人做去比較，看買哪個比較有賺頭，當我們看完這兩檔的成分股，就很簡單可以理解成，今天如果台積電表現很強，那價差的部分肯定是0050會贏過0056，但如果台積電跌幅很兇，0050因為持有46%的台積電，所以0050股價下跌會很快，不過台積電下跌時也有可能拖累整個大盤甚至是其他個股，畢竟它佔了台股大盤近三成的比重，那該買哪個呢？

　　我的看法是你喜歡買哪個就買哪個，0050的走勢會更貼近大盤，因為大盤有近三成比重是台積電貢獻，而0050本身持有46%的台積電，0056的走勢就會跟大盤有些許差異，而且0056是主打高股息，所挑選的個股都是有穩定配發股息的公司，這兩檔端看個人喜歡哪一種，我用這兩檔來幫助各位認識ETF這項商品，往後你們也可以用上述方式，自行分析其它的ETF。

11. 基本面

籌碼面

籌碼面

「千里馬常有，而伯樂不常有」，栽培一匹千里馬需要一位強力的伯樂，

籌碼面這篇就是來跟大家分享市場上有哪些伯樂，我們買賣股票或投資商品無非是想從中獲取利潤，而股價的上漲就是用錢去堆出來的，要有人願意出高價買，有人願意用高價賣，一來一往持續成交，當買盤的氣勢大於賣方、需求大於供給，股價自然就會上漲，那這些能夠出得起高價的「人」，就成了股價上漲的要素之一。

一般在股票市場上有所謂的三大法人，外資、投信、自營商，這些法人們在買賣股票動輒每日億來億去，尤其是外資，平均一天買賣超百億，所以這種所謂的大戶指標就很有參考性，直觀地來說只要外資願意買，不論這支股票的財報好不好看，當有錢的人願意去炒作它時，這支股票通常是易漲難跌，至於外資為何要買？那就得從其他角度去分析了。

圖3-1 大盤K線圖附外資買賣超指標

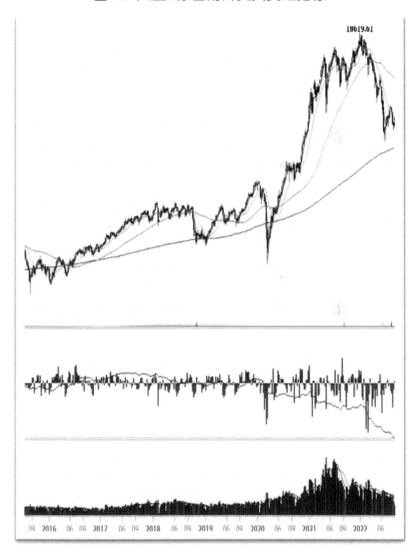

III. 籌碼面

　　圖3-1是台股大盤的週線圖（中間區塊為外資買賣超統計）。

　　在2021年台股是波段的高點，此時外資在整個台股市場的動作是賣超大於買超，前面提到既然股價是用錢去堆疊出來，那台股的最大宗交易法人外資，它們的賣超大於買超，整個大盤指數自然呈現易跌難漲，當然在2021年～2022年這段期間還是有很多個股創新高，外資雖然在整體台股是賣超，但還是有買股票的動作，所以才會說當大方向偏空時，要找到會上漲的個股機率會比較低，選上漲的個股難度會上升。

　　還是那句老話，並不是光看外資買賣超就能夠賺錢，光是外資本身就還有細分來源，其他還有投信、自營商，它們也是可以推動股價，所以在電視上常看到有分析師在解盤，某某個股投信連續買超、投信買超爆量視為買點，這些都是籌碼面的一環，每檔個股都有自己的股性，並不一定法人買超就一定漲，有些法人可能是做短線的價差套利，或是因為作帳需要才買超，這些背後的因素各位可以再自行分析。

　　還有一點提醒各位，跟著大戶買不一定能賺到錢，要了解大戶之所以稱為大戶，是因為它們的口袋夠深，一檔股票修正跌幅20％，在大戶眼裡可能都是買點，但一般散戶或奈米戶哪來這麼多錢可以去均攤成本？

大戶的交易方式不見得適合奈米戶，這些法人是禁得起虧損的，坊間常有迷思跟著大戶做就能賺錢，但絕大多數的奈米戶禁不起虧損，加上經驗不夠可能就提前停損，殊不知真正的上漲波段才要開始，所以跟著大戶買不一定會賺錢，這點要牢記。

　　我在寫這段的當下剛好遇到巴菲特買台積電的新聞，結果巴菲特持有不到半年就把台積電給賣了，這消息跌破很多專家的眼鏡，一直以來普遍都認為巴菲特是長期持有的指標，不過各位可以去看一下巴菲特公司波克夏的操作紀錄，在賣出台積電的那一季，減碼最多的個股是美國合眾銀行(USB-US)，另外紐約梅隆銀行(BK-US)也被減碼六成左右，後續這一波台積電的上漲巴菲特就沒參與到了，不曉得波克夏是察覺到了什麼～

大股東與股東人數

　　接著我們來談幾個籌碼指標，當你持有台積電的股票，不論張數甚至是零股，你都可以被稱為是台積電的「股東」，在台股市場裡面有個慣性，就是會把持有該公司股票大於400張的股東稱為大股東，當然各家公司的股價有高有低，好比持有10元一股的大股東，跟持有2000元一股的大股東，兩者的成本差異不在同一個檔次。

　　這邊推薦一個網站給大家，上網搜尋「神秘金字塔」，這個網站有整理出個股的總股東人數、大股東持有率，甚至它還整理出持有400、600、800以及1000張以上的大股東人數，我還是用台積電來當例子。

圖3-2 台積電大股東集保人數（來源：神秘金字塔）

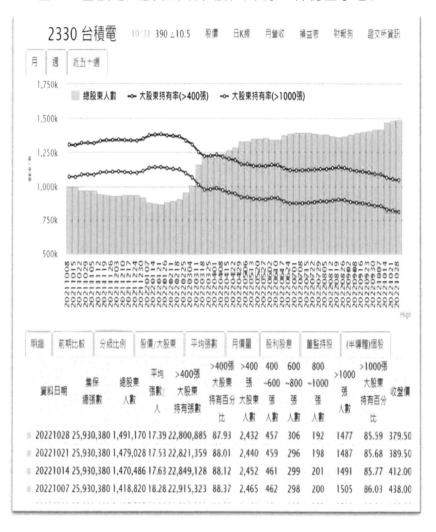

III. 籌碼面

　　從圖3-2可以看到，柱狀圖代表台積電的總股東人數，上方橘線是400張以上的大股東持有率，下方藍線則是千張的大股東持有率，明顯看出台積電的籌碼集保大股東持有率下降、總股東人數上升，這意思就是大戶幾乎都減少持有台積電的張數，總股東人數上升意味著買台積電的人數變多，也就是籌碼被分散了。

　　各位可以看一下，在圖中2021年八月到2022年二月，台積電的總股東人數下降，大戶持有率是上升，這期間台積電的股價約在550～660元，從2022年三月開始，總股東人數突然暴增，大股東持有率明顯下降，圖中的最右邊總股東人數甚至創新高，大股東持有率創新低，圖中最右邊是2022年十月底，這時台積電股價落在380元左右。

　　這個總股東人數與大股東的指標是每週更新一次，滿適合用來判斷一檔股票的籌碼集中度高不高，如果發現某檔股票的總股東人數持續上升，大股東人數持續下降，那代表這檔股票持有的人數被稀釋，比如某公司發行一萬張股票，股價是100元，持有人數一萬人，代表平均一人一張股票，平均一個人成本10萬。

但如果有天總股東人數下降至持有人數一百人，用一萬張下去整除平均一人持有一百張，平均一個人成本是1000萬元！

　　換言之，籌碼越集中代表持有的股東是本金很厚，既然是本金很厚的大戶，當他們在買股票時就容易帶動股票上漲，反之若籌碼很分散，那股票就很難漲，這個網站「神秘金字塔」推薦大家去使用，除了大股東與總股東人數外，他們還有董監事持股統計、類股排行等等，各位可以去查詢自己想看的個股。

　　還是老話那句，這些指標只是提供一個機率讓你參考，通常總股東人數下降、大股東人數上升，股票價格後續是易漲難跌，若是總股東人數上升、大股東人數下降，股票價格就是易跌難漲，各位可以自己去印證看看，不過有些個股可能張數太少或價格太高的關係，使用裡面的參數要自己去判斷一下，像是雞蛋水餃股一股10元以下的，跟高價股一股1000元以上的，有時候圖形可能會有極端值，使用時可以搭配價格K線來幫助判斷，觀察股價的高低是否跟籌碼集保有關。

融資、融券與借券

買賣股票除了用現金購買外，也可以透過融資的方式做槓桿操作，融資就是跟券商借錢來買股票，意思跟貸款買房的道理一樣，上市股票融資額度可開六成，投資人需要自備四成的自備款，也就是說融資買進一張100元的股票，你戶頭要有4萬元以上，剩下的6萬由券商幫你付，但融資期間這6萬元的借款是需要支付利息的，這道理跟貸款買房要支付的房貸利息一樣，融資股票同樣有融資的利息，至於利息是多少就得看各家券商或問營業員。

由此得知，融資的好處是我買一張100元的股票，我可以只準備四成的自備款，剩下由券商代付，我只需要支付利息即可，對於投資人來說資金運用可以更靈活，但融資同時也有「斷頭風險」，所謂斷頭風險就是「融資維持率」低於某個點位，券商會強制賣出你的股票，直接幫你停損並終止該筆融資，舉例來說某檔個股融資維持率為130%，你自備四成且融資六成買進一張100元股票，融資維持率是股票市值除以融資金額，所以當股價低於78元時，78÷6=13，這時候你就會被券商追繳保證金，必須要補到167%以上才會解除追繳狀態，精確地的數據可以問營業員，各家券商會有細微差異。

我們要談的就是融資這個做法是一種「短線指標」，

當你融資買進股票時,你會面臨時間的壓力,股價若沒有上漲處於盤整,你必須支付融資的利息,股價如果不漲反跌,還會面臨斷頭追繳保證金的壓力,所以融資是「積極作多"的操作,當市場上融資餘額很高時,代表多數人看好後市,才會願意用積極的方式去買股票,但要注意融資過高的風險,「過高的融資會引發殺機」,這句話我常常在podcast上提到,前面提到融資遇到股價下跌時會有斷頭風險,券商會強制賣出股票,避免融資維持率過低造成投資人繳不出來,也就是說斷頭潮發生的話,市場上會有一波很大的賣壓,然而這個賣壓是斷頭機制產生出來的,今天是用現股買進的投資人,看到股價下跌可以選擇長期持有,等待某天漲回來,但用融資買進的投資人,一旦碰到斷頭會被券商強制賣出,即使是跌停價也會被賣出,這就是俗稱的殺融資。

融券的概念就跟融資相反,融券是跟券商借股票來賣,之後再找時間回補買回給券商,這是一種做空的手法,融券通常是要九成的自備款(我寫書的當下遇到限空令目前調高至100%),也就是說融券一張100元的股票,你戶頭要有9萬元的保證金,跟融資一樣融券也需要支付融券利息,同時也有融券維持率,當股票上漲到某個點位,券商也會有「強制回補」機制,而且若遇到公司要召開股東會,融券也會被強制回補,券商會幫你買回股票,

69

III. 籌碼面

關於融券實際需要的手續費跟融券維持率等，各位可以去查詢各家券商或問營業員，每家券商給的條件不太一樣，我們要談的是融券這個指標該如何解讀。

融券是一種做空的手法，它是先賣後買回補，遇到股價上漲且碰到融券維持率不足時，券商會強制回補，跟融資斷頭意思一樣，「過高的融券會引發嘎空」，當某檔個股融券很高、股價上漲，這時候很容易形成嘎空行情，這些融券碰到上漲被強制回補，即便是漲停價也不得不買，因為這是融券機制造成的。

融資融券的指標非常好用，當你看到某檔股票的股價出現連續上漲，然後融券張數走高，這時候就能推論出，這些融券是處於虧損狀態，萬一市場上有心人士要拉抬這檔股票，只要把股價推到讓這些融券強制回補的價位，出現回補潮股價就會被這些融券產生的買盤再往上推，嘎空行情就是這樣產生。

當你看到某檔股票價格走低，但融資餘額卻不斷上升，這時候可以推論，這些融資戶是虧損狀態，它們是靠補保證金才維持住，這時候若有心人士要壓低股價做拋售，當股價下殺到某個程度，只要融資戶斷頭潮發生，後續就會造成一股賣壓，這就是殺融資的現象。

下圖僅供各位參考，資券是偏短線指標，老話一句這些都是機率問題，一定有例外，千萬不要單靠這個指標就想賺到錢。

表3-1 資券與股價變化分析

股價走高	融資↑	正常現象，大家在追高。
	融券↑	股價走高，融券會有回補的壓力， 若融券餘額還不減，代表融券戶一直補錢。 通常會有漲一段去嘎融券戶，逼融券回補！
股價平盤震盪	融資↑	可能有人低檔布局，看好後續漲勢，可能有利多消息。
	融券↑	有人提前放空，後續可能有利空消息。
股價走低	融資↑	股價走低，融資需要補足保證金， 若融資餘額不減，代表融資戶一直補錢， 通常會跌一段去殺多，逼融資斷頭！
	融券↑	正常現象，大家一起追空。

　　還有一種做空方式是借券，可視為做空的偏長期指標，借券我簡單帶過就好，詳細各位可以再去查相關資訊，借券是必須要用140%的保證金做擔保，也就是你借券一張100元的股票，你戶頭要有14萬的額度，通常會去做借券這種操作的人，口袋都蠻深的，一般我們會把借券賣出餘額視為是大戶指標，詳細地借券流程各位可以再自行去了解，我直接帶入借券這個指標該如何解讀。

　　當你看到某檔個股的借券賣出餘額很高時，通常會視為是一種空方壓力，借券賣出餘額高，不代表股票一定跌，而是它會很難漲，借券賣出很常是大戶用來做套利的手法，像是近期美國升息台股會易跌難漲，整體個股的借券賣出餘額也變高，外資透過借券賣出做套利的交易，所以個股的借券賣出餘額偏高，股票通常是很難上漲，代表有壓力，當然這指標也是機率問題。

圖3-3　富邦金借券賣出餘額（來源：股狗網）

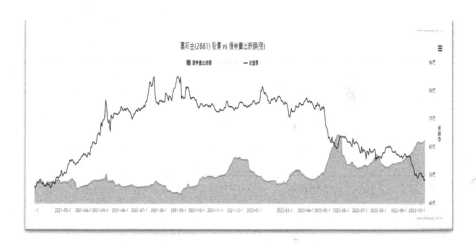

　　底下綠色波形圖是借券賣出餘額，上方黑線為收盤價，明顯看到當借券賣出餘額偏高時，股價就很難上漲，各位可以去驗證其他個股，但不是每檔都適用！

III. 籌碼面

IX

技術面

技術面

　　技術分析主要是探討量價的趨勢，學會看K線圖是很重要的，K線圖是由K棒組成，K棒是由開盤價、收盤價、最高與最低價，四種價格繪製而成，說白了K線圖是一種「記錄價格」的方式，要理解K線圖得先來認識K棒。

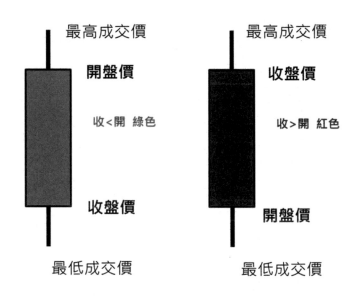

76

K線圖按照時間周期可自行調整，常用的是日線、週線，當然做短線交易還會看到分鐘線，比如1分K、5分K、4小時線等等，這些K棒都是由四種價格組成，差別只是時間週期，我們先用日線來講解。

　　日線由日K棒組成，日K四種價格：
一、開盤價（當日第一筆成交價）
二、收盤價（當日最後一筆成交價）
三、最高價（當日出現的最高成交價）
四、最低價（當日出現的最低成交價）

　　台股開盤是每天的早上九點，所以當天第一筆成交價就是開盤價，台股收盤則是每天的下午一點半，當天最後一筆成交價就是收盤價，當收盤價大於開盤價時，K棒在軟體上會顯示紅色稱為紅K；若收盤價小於開盤價，K棒在軟體上會顯示綠色，稱為黑K或綠K，顏色在軟體上是可以自行調整，預設是紅跟綠，在美股是剛好相反，美股習慣綠K是漲幅（收盤大於開盤），紅K是跌幅（收盤小於開盤）。

　　顏色是幫助我們好認而已，台股紅K代表漲、綠K代表跌，在繪製K棒時可以先判斷開盤價與收盤價的關係，只要是收盤價＞開盤價，那K棒就直接繪製紅色，接著要判斷開盤跟收盤的差距大小，差距越大K棒的身體就會越長。

　　再來是判斷價格有無出現最高或最低價，用來繪製上下影線，不是每根K棒都有上下影線，比如開盤價是90元、收盤價是92元、最高價是95元，最低價90元，這時候開盤價＝最低價，那這根K棒就是留上影線的紅K，下面用幾個圖來示範如何繪製K棒。

圖4-1 示範畫K棒

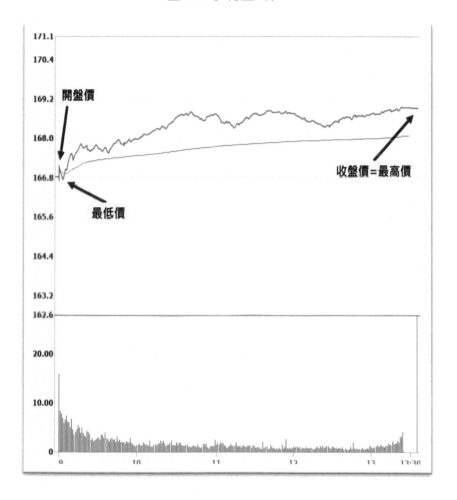

開盤價

收盤價=最高價

最低價

IX. 技術面

　　圖4-1是某個商品的量價走勢圖，下方區塊為成交量，上方區塊是價格走勢。

　　最左邊是開盤價，對應底下是早上九點，最右邊為收盤價，對應底下時間是下午一點半，這張價格走勢圖可以看到，收盤價＞開盤價，最低價跟開盤價貼很近，收盤價＝最高價，所以繪製出來的K棒是紅K然後有留微小的下影線。

　　大概像是這樣

圖4-2 示範畫K棒

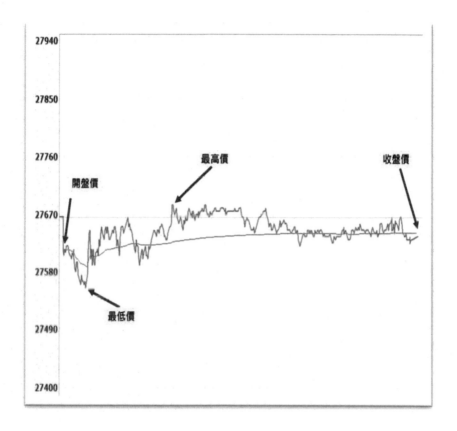

　　圖4-2先判斷開盤跟收盤的關係，收盤價＞開盤價但差距非常小，所以身體會很短，分別有出現最低價跟最高價，且高低差很明顯，於是我們繪製出開盤跟收盤差距很小的紅K，身體劃短；有最高跟最低價，留上下影線的K棒。

大概像這樣

　　這是典型的收十字線，當日有上下大波動，但收盤結束時回到快平盤價，通常十字線可解讀成多空交戰激烈，當天同時有殺低與拉抬的力道。

圖4-3 示範畫K棒

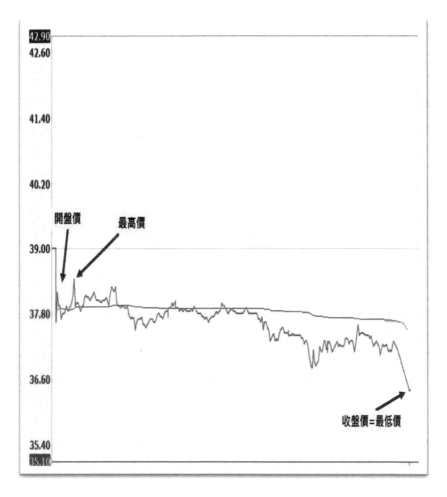

開盤價

最高價

收盤價=最低價

IX. 技術面

　　上圖一樣先判斷開盤與收盤關係，明顯收盤＜開盤，這是綠K而且差距很大，所以身體很長，收盤價直接收最低，所以沒有下影線，因為最低價＝收盤價，

　　有最高價就在開盤後沒多久出現的，繪製完成大概是長這樣。

　　當看到K棒是留上影線且收長綠K，我們可以判斷當天的走勢弱勢偏空。

　　這種也可以解讀成，當天的空方力道賣壓重，反彈雖有創高但又被殺下去！

接著我們來看一張台積電的K線圖，上方K棒區域是價格走勢，下方區塊是成交量，看K線圖要先注意時間周期，圖中的時間周期為日線，日線意思就是每一根K棒代表一天，前面提到K棒是由開盤、收盤、最高與最低價組成，日K就是由當日的四種價格組成，時間周期也可以切為週線、月線、年線等，如果是切換成年線，K棒一根代表一年，套用上四種價格就是當年度開盤、當年度收盤、當年度最高與最低，時間週期可以根據你想了解的資訊去切換，做極短線交易者甚至會用1分、5分K等，觀察中長線格局可以用週線、月線，週期的概念大致上是這樣。

　　K線圖橫向是時間的演進，所以可把橫向看作時間，然後縱向是價格的波動，縱向可看作空間，講稍微文言一點K線圖就是由「時間與空間」所組成！

IX. 技術面

圖4-4 台積電K線圖

解釋成時間跟空間會幫助我們更快了解K線的慣性，比如空間換時間、時間換空間；盤久必噴、噴久必盤，這字面上的意思就是，當價格在短期快速上漲時，漲到某個點位就會進入盤整，那至於何時會下跌這沒人知道，但如果上漲的力道很強且是快速上漲，那麼它要下殺就得用空間換時間或是時間換空間，空間換時間概念像是一個月漲幅30%，就會出現一個月跌幅30%的相對應時間，用兇猛的跌幅去吃掉兇猛的漲幅。

另一種時間換空間，意思就是一個月漲幅30%，要跌回去原本起漲點時，可能會用半年去盤跌，慢慢緩和跌回起漲點，半年或半年以後跌30%，這就是時間換空間，舉例幾張圖給各位參考。

圖4-5 電子類股K線圖

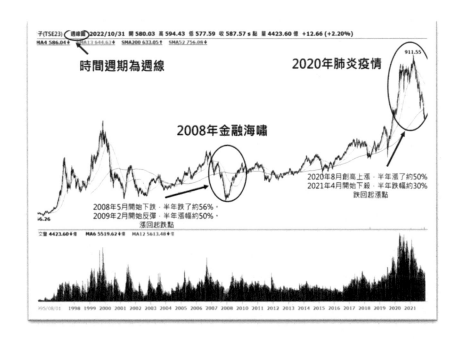

　　圖4-5分別用2008以及2020年做舉例，08年金融海嘯席捲全球，後來在美國QE政策下，透過量化寬鬆降息等手段拯救經濟，這個K線型態就是經典的V型反轉，約莫半年時間跌56%，之後用對應半年時間漲回到起跌點，這就是空間換時間，用暴力的價格熱錢走勢，去取代緩漲的格局。

同樣在2020年發生肺炎疫情席捲全球，當時美國也是採取QE降息手段去救經濟，2020～2021發生很多特例，台股的生技口罩概念股漲幅兇猛，還有航海王的運費及股價飆漲事件等，當時的電子盤跟大盤創下歷史新高，從創歷史新高的點位去算，創歷史新高後的半年又續漲了約50%，後來中間盤整了約一年，隨即電子大盤開始下跌，從800～900跌回前波起漲點600上下，半年跌了約30%，這種也是用空間去換時間，看線型就很明顯。

　　各位也可以用看盤軟體去打開台股的大盤加權指數，然後週期用週線去看，你會發現台股大盤加權指數的型態跟電子盤走勢很像，相似度非常高，這是因為台股的成交權值重心是電子、半導體為主，尤其台積電的K線形狀跟台股大盤指數相似度更高，畢竟台積電占比大盤將近三成，近期因為外資賣超下，權值比例現在有稍微降了。

　　接著我們來看一下時間換空間的型態，通常時間換空間都會用緩漲用緩跌的方式呈現，比如盤整3年漲幅50%，然後下跌用6年跌了20%，時間是可以消化賣壓跟買氣的，時間一久可能會讓飆漲的股票漲不動，暴跌的股票變緩跌！

IX. 技術面

圖4-6　費城半導體K線圖

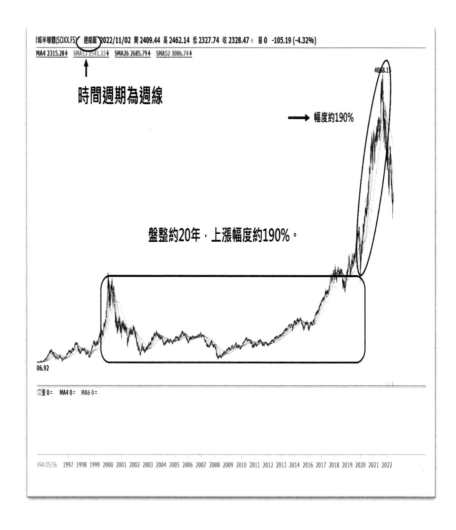

圖4-6為費城半導體指數週K，費半在2000～2019有明顯的區間整理，我們把用週線看格局會比較長，盤整約20年後突破區間創新高，20年的時間累積要上漲絕對不會只漲一點點，在時間能量累積後，時間換取了近200%的漲幅，這就是時間換空間的概念，其實要找例子可以找很多，各位可以自己去嘗試看看，我會建議從國際指數、各國匯率、黃金、農產品等，用這些大型商品跟國際金融商品去練習看K線的感覺，台股個股當然也可以，但有些個股會有成交量低的問題，導致線型不好判斷，大盤指數畢竟是一種經濟景氣循環，總是會起起落落，當作練習看K線還蠻不錯的。

K的線型型態

　　市面上有非常多資訊在講解K線的型態，我自己初學也是買入了蔡森的著作《多空轉折一手抓》，書中整理了非常多K線型態，其他的書籍或是網路影片也都有K線型態教學，整體來說概念都一樣，先抓出區間，點多連成線，從這些輔助線我們可以去推估將來可能會到的點位，這是根據歷史資訊去推論，並不是百分之百完全按照預估的模型走，線型只是提高判斷後續多空的機率而已。

　　圖4-7是大盤的周K，這是還沒畫輔助線以前的圖，圖4-8會解說畫完輔助線後可以怎麼判斷後續的多空，再次強調，輔助線是從歷史的型態去推估得到，並不是每次都會如預期發生！

圖4-7 加權指數K線圖

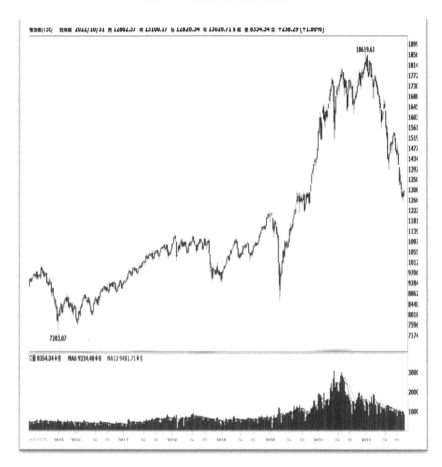

IX. 技術面

圖4-8　加權指數K線圖附輔助線

補上輔助線後可以依序從左到右去判斷，首先左邊的收斂三角，收斂三角可以理解成區間整理後往上或往下突破，此上圖為例是往上突破，突破後可以大概算漲幅滿足，也就是三角的左邊高約1650 (7203-8852)，突破後再往上加1650就是大盤的漲幅滿足點，也就是8852+1650約為10502，這時候達到漲幅滿足開始進入盤整A區，漲幅滿足到了通常會進入盤整休息，然後再觀察新的後續走勢。

A跟B是典型的時間對稱，在A區的小區間盤整約九個月，之後跌破區間又開始盤整，A跟B中間盤整了三個月，突破區間後來到B區，B區又盤整了約七個多月，然後突破區間上漲，這A跟B所盤整的時間差不多，型態上是典型的時間對稱。

談到這邊會發現到技術型態常用的術語，盤整、突破、跌破，如同本篇前面提到的，時間與空間、盤久必噴、噴久必盤，在一個價格或點位區間裡面盤整，上緣我們會稱為**壓力**，下緣則會稱作**支撐**，你可以想像比如上圖的A點都在10400～11200區間震盪，到了靠近11200上緣就漲不動（壓力），到了下緣10400很難跌破（支撐），不過一旦漲破壓力或跌破支撐，就容易形成「**趨勢**」！

　　趨勢一旦形成都會走一段行情，比方回過頭看上圖左邊的收斂三角，其實收斂三角也可以視為區間整理壓縮，突破壓力區形成趨勢往上漲一段，至於漲幅的力道怎麼推估？像收斂三角可以用邊高去推估，或者看該區間盤整的時間，盤整越久，後續噴出的行情就比較可觀，簡單講在看量價技術線型大致上就是判斷區間、整體位階、相對高低點，我們接著看上圖右邊區塊，2020年發生疫情，美國降息後的行情，首先台股在C點盤整約四個月後，開始以驚人的速度飆漲，我們畫這種線型通常是事後諸葛，畢竟是根據已發生的量價去畫線，但還是有參考價值，比如在漲到最高點18619之後，漲多會拉回是正常的，但往下跌的過程中，你可以明顯感覺出有個大區間被跌破，我們把這個大區間下緣支撐稱作頸線，意思就是頭部的下緣就是脖子頸部，型態頭部區成形後，頸線就是重要支撐。

圖4-9 加權指數K線圖附輔助線

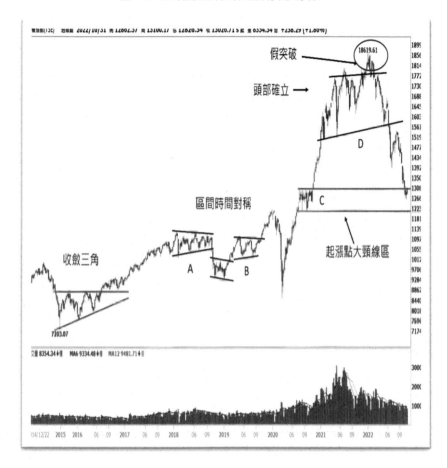

補上了右邊的D區，D區下緣就是頸線，一旦跌破頸線我們才確立頭部，畫線雖然是事後諸葛，但如果你在D區頸線跌破去停損的話，是在15500作停損，這樣右邊這波空頭跌至12600，最起碼少虧了近20%。

頭部訊號還有一項就是假突破，假突破意思是突破區間上緣後，又馬上跌回區間，也就是突破失敗，技術線型要看整體的相對高低去判對，比如D區的頭部高檔盤整了約一年半，一年半的高檔區間被跌破，通常會有兩種可能，要嘛空間換時間，用短時間配合兇猛的跌幅回起漲點；或是時間換空間，用長時間緩跌回起漲點，這上圖是屬於前者。從圖4-9來看也可以推論，大盤還有下殺空間，也就是C點下緣約12100，加上台幣匯率同時貶值還有外資賣超，可以大膽假設這裡還不是底部，大盤還有得跌！

來談談技術線型上常聽到的M頭與W底，所謂M頭跟W底其實就是一種區間的概念，只是一個是往下跌破機率高M頭；另一個是往上突破機率高W底，來看這張範例。

圖4-10 台幣K線圖

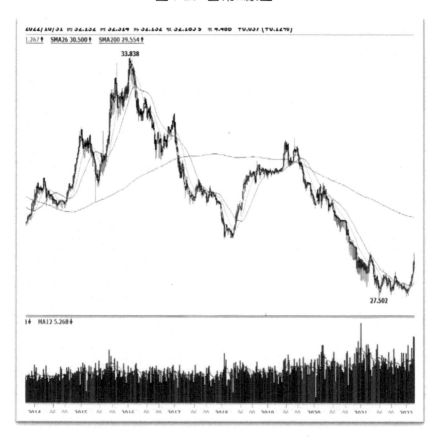

圖4-10是台幣匯率週K，在還沒畫輔助線以前各位可以先看個感覺，也可以嘗試在腦海中畫輔助線！

IX. 技術面

圖4-11 台幣K線圖附輔助線

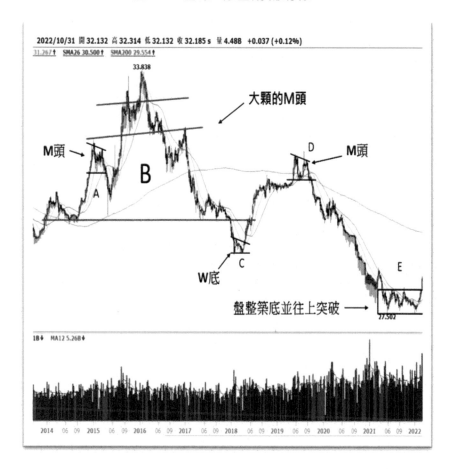

　　圖4-11是把圖4-10畫輔助線，這樣就可以來看一下整個型態結構。

型態有分大小，圖4-10在2018年對應上去有一個明顯的小W底，為何2018年對上去的型態可以稱為W底？可視為W底這是我個人的看法，每個人解讀線型不同，也許其他人看會覺得是單純區間突破，但我判斷是2018年這位階在前面從2016年最高點殺下來，已經走空兩年了，所以這邊出現打底又往上突破，右邊很容易形成對應漲幅，跌了兩年打底休息，往上突破要嘛緩跌，要嘛用空間換時間，所以2018年打了W底後，隔年2019就漲到見波段高點，圖4-11我畫了幾條輔助線來給各位參考。

A點有個小M頭，就是M上面兩個點為壓力，下面兩點為支撐，A點跌破小M頭後殺了一小段，前面提到型態有分大小，你也可以把2015～2017是看成一個大區間的類似M頭形狀，然後在2017年底這個大M頭跌破大頸線，跌破一個大區間會形成趨勢，2018年出現W底，但因為大M頭結構更強，所以C點的W底要往上漲的話，要嘛是急拉的空間換時間，或是緩漲的時間換空間，從C到D是用急拉的空間換時間，隨即到盤整盤出一個小M頭，出現D點小M頭。

　　我們可以大膽推測，行情到D點這邊應該是漲不上去了，前面還有B區的大壓力區，這時候在D點的台幣匯率變成易跌難漲，也就是台幣容易升值很難貶值，台幣往下是升值，配合當時的環境加上2020年美國降息的弱勢美元，台幣升值加上外資熱錢湧入台股，股市開始急漲。

　　技術線型是輔助判斷多空，如果你可以掌握其他資訊配合上線型去解讀，這樣可以提升預測的準確率，好比上圖右邊的E點，出現一個區間型態，看起來不是W底是一個多重底的區間，這個區間盤整了超過半年，隨即突破往上走，這時候試問它後續走勢會如何？　向上突破多重底有非常高機率會往上走一段行情，接著我們要加入其他資訊，首先這是台幣匯率的週K，E點對應底下是2022年開始往上貶值，2022年年初發生俄烏戰爭，加上全球通膨嚴重，美國開始走升息循環，美國升息會導致美元走強，美元變強台幣相對會易貶難升，配合技術線型多重底往上突破，可以大膽預測台幣要有驚人的貶值幅度！

　　以上技術線圖是用已知的型態做說明，要精準預測未來走勢是不可能的，看技術線是一種參考跟數據推論，看圖說故事誰都會，技術分析只是做交易的一種參考！

圖4-12　台幣K線圖

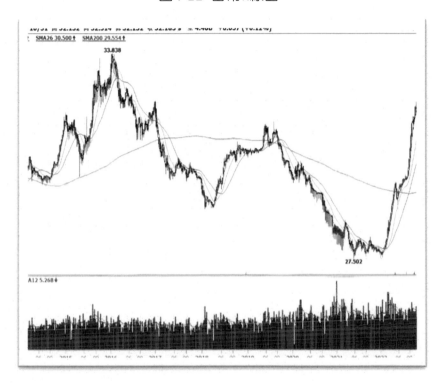

圖4-12是揭曉至2022年10月的台幣走勢，美國在該年升息共12碼3%，台幣該年只升息了2碼0.5%，利率是貨幣價格，如此大的利差導致台幣貶值幅度加重，若你能掌握資訊且配合上線型，在2022年3～4月，就可以試著買美元去印證這一波行情。

圖4-13 S&P500 K線圖

圖4-13美國S&P500指數週K，區間是從2012年6月到2022年10月，這次我們來探討從學過的型態中，推測未來走勢跟點位，技術分析的線型型態常見的就那幾種，W底、M頭、多重底區間、V型反轉、上下斜旗型等，重點都在觀察區間是往上還是往下突破，藉由區間的突破再觀察當時的位階是在相對高點還是低點，在相對低點往上突破，可能需要時間打底或是緩漲，也可能出現急拉的空間換時間，但如果是在相對低點還往下跌破，這就危險了，低點破區間創更低點，這時候就只能看它會跌到哪裡！

　　畢竟你沒有參考點位可以去判斷，所以我們把上圖S&P500用時間軸方式遮住，依序去試著判斷後續走勢。

圖4-14 S&P500 K線圖附輔助線

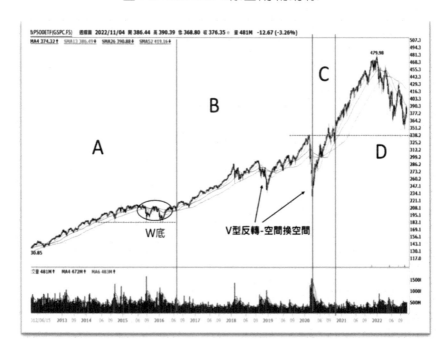

把剛才的S&P500切成四塊時間區，如果單看整體，右邊A區有個W底，這個W底形成突破後，從2016年年中往上漲，到了2018年年底出現V型反轉，「若在~~2016年年初A區W底加碼買進，2018年賣出就大賺一筆。~~」

　　這邊出現了一個技術分析謬誤，單看全部線型似乎A區有W底，但當你是身在2016年年初，也就是只看到A區，後面的BCD還沒發生時，當時根本不能算W底，反而很像是漲不上去的頭部，而這頭部從2012漲到2016已經漲了四年，所以在2016年年初，你很難去做加碼買進的動作，因為在當時那已經是波段高點並盤整，在觀察技術分析不能完全事後論，你攤開整張圖當然會認為A區有W底，可當你身在2016年年初，在那時候是屬於波段高點的高檔震盪，單從線型來看，操作上很難會是加碼去買進。

　　我本身初學投資股票時也有這過問題，我看很多高手分享經驗買賣股票，他們常常是隨時在調節手上部位，比方說一檔股票從40元漲到80元，他們的買法可能是42買、46賣、56買、65賣、60買、72元賣等等，我就很納悶為何不乾脆42元買了之後，等到靠近80元在賣？

　　做一筆就好了～

　　後來當我自己實戰去投資時，我才明白其中道理，因為行情是隨時在變化，單從線型來看可能過1～2個月後型

態會改變，即使它這一年是從40漲到80，過程中的起起落落跟線型型態轉變，你都要去注意，千萬不要自以為是「線仙」，所有的行情反映在盤面上，該調整或是改變策略就要去思考，沒有人可以精準預測未來，除非你是大戶，有極大的本事去控制股價，如若不是，強烈建議還是且戰且走，邊走邊看比較安全。

所以在A區的W底也許你不會買進，但是在B區的左邊，也就是2017年年初，這時候線型已經是突破A區的高點，等於是確立A區區間往上突破，這時候你才有可能出現買進訊號。

同樣邏輯在2020年的疫情下殺，市場上有許多人會嘆氣說，哎呀早知道2020的3月就去壓身家，這樣2021年就賺翻，但問題是疫情的下殺從線型來看真的很恐怖，幾乎是跌到2019年低點，不敢買是正常的，當然你可以用其他指標去輔助，比如大盤融資殺很低了要反彈、別人恐慌我貪婪，這些都因人而異，若單就線型來看，2021年初可能會有買進訊號，就是V轉後的往上突破，配合當時美國要降息，在2021年初也許買進的訊號會比較多。

即便不敢買在2020的3月下殺，買在2021的年初從D區來看也算還可以有不錯的利潤，技術線型我一直都認為蠻有參考性的，尤其是大宗商品像是國家指數、黃金、匯

率、農產品價格指數等,這些大型商品指數因買賣的投資人多,很多人會參考線型,一旦出現非常多數人會使用的指標,那這個指標就會很有參考性,舉個不精確的例子,鬼月的禁忌很多,有些投資人在鬼月去買房會買到比較好的價格,當然這是跟民間信仰有關,不過換個角度想,如果相信的人多,那買賣雙方在鬼月的出價意願就會有參考價值,賣方可能在鬼月願意出稍微低價,買方也願意承擔會遇到好兄弟的風險去購屋。

套用在技術線型型態也是,為什麼區間往上突破會漲一段行情?

因為使用這招的人多,突破區間時,大家的追價意願也會高,講得稍微哲學一點,技術型態就是由市場價格去畫出來的,市場價格就是由人去買賣的,所以K線型態也是反映出人性的一面,比如割韭菜的下殺型態。

至於個股能不能用技術線型去判斷多空,這就得看個股本身,大多數的個股是可以用技術線型去分析,不過有些公司個股成交量超級小,這種個股線型通常會長得不好看,所謂長得不好看就是很難用線型判斷多空,這時候怎麼辦?

　　技術線型並不是萬能，也不是唯一技能，萬一遇到看不懂的線型型態，那你就換一檔股票即可，股票有上千檔，投資商品上千種，不用執著在某一檔身上。

均線法則

在技術線型上均線也是非常多人使用的指標，均線就是平均價格線，一般常見的像是五、十、二十、六十日線等，五日線就是過去五天的平均價格線，線是由各個點所組成。

所以假設某檔價格在過去五天是10、15、20、25、30，那它當下的五日均價就是20。

如果第六天價格是35，那第六天的五日均價就是後面的15、20、25、30、35，五天平均也就是25。

所以均線又稱移動平均線，因為它會隨著時間去調整，台股交易時間都是禮拜一到禮拜五，一個月有四個禮拜也就是20個交易日，所以二十日均線又稱作月線。

一年有四季，一季三個月，三個月總共60個交易日，所以六十日均線又稱作季線。

以週期來看越短的平均線越能貼近當下的價格走勢，隨便挑一天的K棒，它的五日線會比六十日線更貼近K棒，這很好理解，我拿體重做舉例，你過去五天的平均體重跟你過去一年的平均體重，一定是過去五天的平均體重會比較接近你當下的體重，一年的改變是很可怕的。

111

股票K線也是一樣，常用的中長線指標是季線（六十日線），可配合基本面財報也是每季更新，或是用月線（二十日線），來看每月營收，至於怎麼解讀就端看個人的資訊整理，我整理幾張圖來實際看一下。

圖4-15 加權指數均線

IX. 技術面

　　圖4-15我設定了SMA5、20、60，也就是5、20、60日均線。

　　可以先看到最高點寫的18619那根K棒，當天是一月五號，可以明顯看到這根K棒都在均線之上，而且排列為五日＞二十日＞六十日，在解讀時可以說這根K棒都在月線與季線之上，在季線之上就是說過去六十天的價格都小於這天的價格，意思就是如果你在過去六十日有投資大盤，那今天你「大概」是賺錢的，為什麼是大概而不是一定？

　　在算平均數一定會有極端值，也許你剛好買在過去六十日的最高點，那你就不一定會在季線之上賺到錢。

　　比方在A點，雖然也是季線之上，但過去六十日的波動有出現創高拉回，若買在過去六十日的高點，就不見得會在季線之上賺到錢。

　　均線是輔助我們判斷價格趨勢，都在季線之上代表中長期趨勢是向上，若都在季線之下像是圖中的右半邊，就代表中長期價格趨勢向下，均線也可以看成支撐或壓力區，像是右邊價格在趨勢走空之後，幾乎碰到季線就像遇到壓力，出現易跌難漲的格局。

均線也是很多人會參考的指標，跟型態一樣，越多人使用那均線的參考性就會越大，來看一下圖中8/4的點位。

8/4當天的K棒價格在季線之下，但是在8/4前兩周從最低點有出現一波上漲，然後8/4的近三天開始下跌，按照這個敘述來看，明顯可以知道二十日均線會是比較弱勢，因為對於8/4來說，過去的二十天包含價格最低點的那幾天淺綠色區塊，對五日均線來說，五日均線雖然是小跌，但比起過去二十天有包含到的最低點，五日線還是強於二十日線，所以8/4的均線排列是五日＞二十日，那為什麼季線會在上面？

各位可以看8/4往前推的六十根K棒紅色區塊，還有包含到一萬六也就是「價格突破不了季線」，那也是包含在8/4往前算的六十根K棒裡。

小結就是，在8/4當天用均線來看的話，做短線交易可以搶反彈就跑，因為五日線有轉強，但要抱住中長線交易的要三思，價格都在季線之下，容易形成反彈沒過又破底。

IX. 技術面

圖4-16 加權指數均線

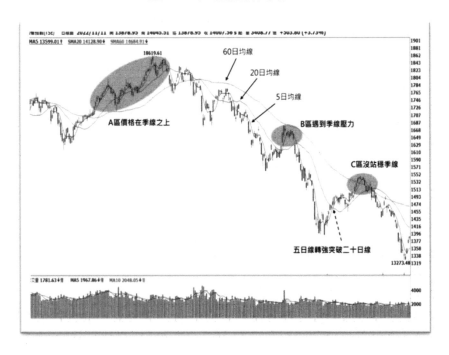

圖4-15跟圖4-16的時間軸一樣，只是要談的東西不同。

　　明顯看到A區都在季線之上，在走多頭時，有人會用碰到季線視為是買點，當作一個投資進場策略，拉回季線找買點，季線不破等趨勢形成找出場點，當然這是給各位參考用的，均線指標提供在不同週期下，每個週期的價格趨勢，在圖中右半邊走空頭時，大多都會在季線之下，因此做中長線投資人可能就不會貿然進場，反而會等均線準備上揚時找買點，或是走多頭壓回季線找買點，均線之所以有參考價值，是因為使用人數多，至於好不好用這取決於你的交易投資週期，看季線做當沖那穩死的；看五日線做存股，那你就會一直買賣買賣，失去存股意義。

IX. 技術面

均線排列

　　均線的排列順序也是市場上常用來參考的資訊，前面提到均線是有分週期，如果用日K線圖，常見的就是五日、二十日（月）、六十日（季），分別代表短中長三種週期，當然你要用增設半年線（120日）或年線（240日）都可以，我們先以五日、月、季線作為範例，當這三條線同時呈現上揚時，就代表短中長的價格正在轉強，這時候再配合其他指標，比如盤整了一段時間、均線糾結且上揚、營收表現良好、大股東籌碼穩定等，就可以推測後續上漲的機率偏高。

圖4-17　長榮均線

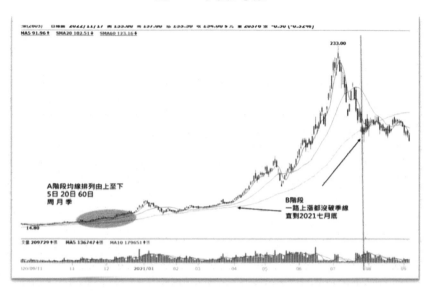

長榮在航海王階段飆漲階段時，上漲過程中季線是重要支撐，幾乎拉回季線就是買進訊號，當然這結論是事後諸葛，不過各位可以印證其他股票看看，均線排列、上揚或下彎，只是一種價格趨勢，季線有支撐是因為市場上參考「**均線**」這指標的人多，不過真正重要的還是你的交易模式跟資金控管。

技術分析除了以上談的K線型態、時間空間、均線法則，其他還有很多指標，像是KD指標、MACD柱狀、布林通道等，這些運用的背後原理各位可以自行去查詢，

IX. 技術面

KD指標的概念是由一條K線（快速平均線）跟D線（慢速平均線），當在零軸之下代表超賣區，若零軸下出現K線往上穿越D線且突破零軸，這時候盤面上的型態可偏多操作，其實這概念就有點像五日線向上穿過六十日線，由比較貼近盤面的快速平均線，去超越週期較長的慢速平均線，就代表短線轉強且正突破長線的壓力，這個詳細各位可以再爬文，關鍵字就是搜尋KD指標或MACD。

接著稍微談一下布林通道，布林通道若各位去開啟這項指標會發現，他就是把K線的趨勢分成上軌、下軌以及中軌道，就類似支撐壓力跟中間平均線，這能輔助我們看出區間的上下緣，甚至市面上也有許多自製軟體跟app，比如樂活五線譜，其原理也是將股價趨勢切成五條線，輔助判斷這區間的合理價格大概落在哪裡，市面上的技術指標非常多樣，但萬法不離其宗，大部分的價格指標最根本就是從K線圖去做深入分析，建議各位再研究其他的技術指標時，都要抱持著懷疑的心去驗證，實際投資操作時，不存在單靠某條線或某個指標就能神準預測走勢，技術分析是從已知的歷史走勢去推測，沒人知道K線圖右邊（未來型態）會怎麼走，未來的型態跟走勢只能一步一步、且戰且走地去觀察。

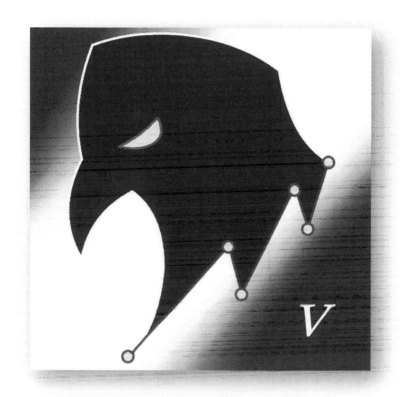

消息面

宏觀的投資思維

　　談到投資理財觀念的培養，要先從一個最基本的邏輯講起，不管是股票、房地產、外匯貨幣等，這些金融商品都是用「錢」在進行交易，我們可以確定全世界的總金錢是有限的，均由各國銀行發行貨幣提供給國民使用，既然全世界的錢是有一定的數量，接下來我們就要來分析這些錢都到哪去了？

　　以2020～2021年來說，全球股市跟原物料都是上漲且創新高，前面提到錢是有限的，所以當全球股市跟原物料上漲代表有熱錢湧入，台股加權指數從最低8523上漲至18200，最高還到18619，當有熱錢往股市流入時，一定有某些金融商品是熱錢流出，最具代表的莫過於美元指數，美元在當時從最高近103跌到最低89左右，當然股市的資金來源並非全部是美元指數，這邊是跟各位說明，資金的流動跟流向是可以這樣觀察的，上述兩項是用股市跟匯市做比較，其實台股市場內部也是會有資金流動，就是俗稱的「類股輪動」。

各位可以看圖1-5，台股的整個大盤指數從2020三月開始上漲，到了約2021下半年開始做高檔震盪，但這大盤上漲的過程中，類股的輪動是像跑大隊接力一樣，從生技醫療先轉強、電子半導體接棒、航運航海王以及鋼鐵類股再接棒，會有這樣的現象正是因為市場資金有限，所以類股會用輪動的方式去推升大盤。

圖5-1　大盤加權指數

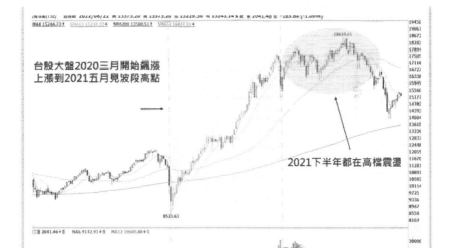

V. 消息面

在2020～2021疫情爆發時，由於美國宣布降息來救經濟，降息簡單來說就是把銀行的利率調低，背後還有甚麼準備率、重貼現率等，總之降息帶來的影響就是熱錢會從銀行撤出，當這些熱錢跑到股市時，股市就易漲難跌，台股在經歷疫情恐慌下殺後，率先反彈的生技醫療類，若從加權指數大盤來看是整體類股都有上漲，但生技醫療從2020三月到七月漲幅最為兇猛，隨後生技醫療類的漲幅趨緩，緊接著是電子半導體類接棒。

圖5-2 生技類股

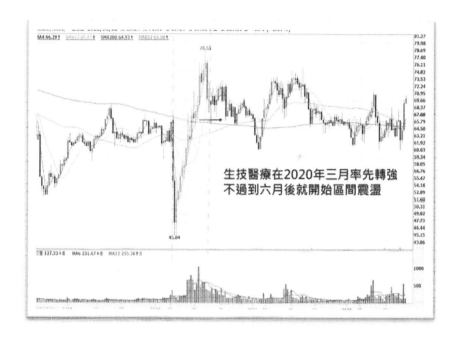

生技醫療在2020年三月率先轉強
不過到六月後就開始區間震盪

V. 消息面

電子半導體在2020十一月到隔年2021二月，由台積電帶動下漲幅創新高。

電子半導體類股漲幅趨緩，接棒的是原物料概念股，鋼鐵、農產品等，鋼鐵類股在2021四月發動飆漲至2021七月開始趨緩，緊接著就是大航海時代的航運股，航運類股從2021五月發動飆漲至七月開始趨緩，這段相信大家應該都有印象（長榮年終發最高有40個月，真是令人羨慕）。

圖5-3　航運類股

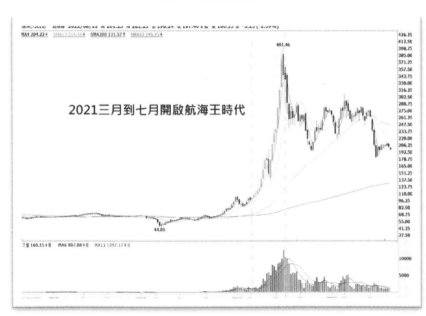

圖5-4 鋼鐵類股

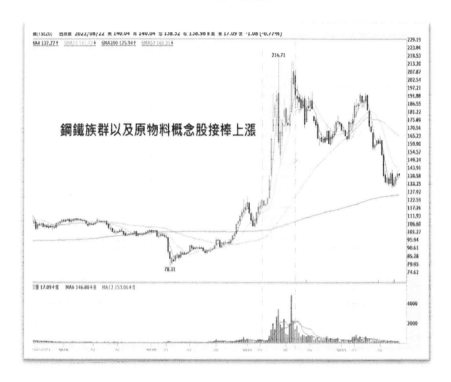

鋼鐵族群以及原物料概念股接棒上漲

V. 消息面

談到這邊大家應該有察覺到一件事情，台股的類股輪動現象再次證明一件事，就是資金是有限的，所以即便是降息有大量的熱錢湧入股市，在股市裡面的熱錢分配上一定有取捨，從生技醫療、電子半導體、原物料鋼鐵、航運類股等，資金一直都是跑來跑去，我們做投資就是要抓到熱錢的動向，這種就是效率型的投資。

其實除了股市之外，房地產在2021年也是熱門的資金去處之一，記得當時有朋友問我說，照理講疫情會影響經濟，怎麼房價好像沒有下降反而還上升？其實這答案很簡單，就是因為降息的政策讓熱錢湧出，熱錢太多到處跑，房價就算想降也很難被趨勢改變。

2020～2021讓我們知道降息所帶來的影響非常巨大，2022的三月美國宣布升息救通膨，由於降息的熱錢湧出太多，經濟學上當供給大於需求時，價格就會下降，雖然股市跟房地產價格是上漲，但貨幣的價值是變少了，過度地降息印鈔會使得通貨膨脹高到失控，到時候可能買一塊雞排要台幣400元，珍奶一杯200元，所以美國宣布升息救通膨讓熱錢得以回收，至於熱錢會往哪走呢？

圖5-5 美元指數（來源：富途牛牛看盤軟體）

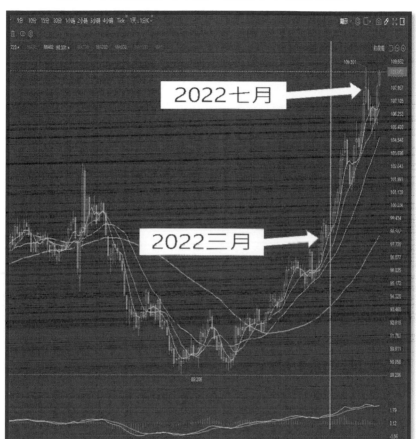

一樣我們觀察美元指數在2022三月漲到七月，指數從
97漲幅至109，很明顯熱錢往美元指數流入，同一時期台
股從17000跌到14000，熱錢從股市往相對低風險的貨幣市
場走，資金又再次跑來跑去，開始進入升息循環的階段。

V. 消息面

　　以這次來看股市因為資金的流出導致易跌難漲，所以這時候買股票會買到相對便宜的股價，但風險在於熱錢剛從股市跑走，大盤易跌難漲的情況下，要等到股票上漲可能需要一點時間，當然台股有上千檔的個股，大盤在下跌時一定還是會有個股逆勢上漲，只不過大環境下你要挑到逆勢上漲的個股機率上會比較低，我記得網紅啾啾鞋曾經在2021年四月拍了一支影片，用棒球九宮格編號並用投擲的方式去決定買哪些個股，當時環境還在降息階段，他用投球隨機選出來的個股，居然還有漲停板的，說明了只要掌握大環境的資金流向趨勢，對於我們在選擇投資市場上就能事半功倍，降息使得台股個股上漲家數遠超過下跌家數，隨便選都容易選到會漲的個股。

　　上述內容主要是告訴各位，大環境的因素是直接左右整個金融市場，升息與降息只是其中之一，其他的大環境因素比如國際事件，在2022年二月底爆發的俄羅斯進軍烏克蘭的俄烏戰爭，當時農產品的價格直接飆漲，石油、黃金、美元指數等也漲幅一段行情，然而日幣卻出現大幅貶值，這些都是資金在輪動的現象！

舉凡像是外匯指數、大宗原物料商品、國際股市指數等，這種龐大的金融市場它們的趨勢變化會比個股更好判斷，後續章節會以台股作說明，影響個股的股價有很多層面，而且中小型個股的總資金量不可能比國際商品或指數來得多，資金量越小的市場就越好操控價格，所以有些內線交易炒股案能夠成功，就是因為資金流量小，那些大戶會比較好操控。

　　如果是國際農產品價格、美元指數、石油等這類的大宗商品跟指數，由於資金量非常龐大，這就不是說幾個大戶就能夠操控得了，因為這樣，所以我們在判斷國際資金的流向其實是相對簡單的，有時候甚至單純看量價K線就能抓到趨勢。

　　上述談的是國際金融環境的消息面，大概就是升降息、石油會議、戰爭因素等，會直接影響到經濟跟衝擊股市，再來談一下台股市場的消息面，常見的大概是增減資、董監事人事異動、併購案等，這些都是公司內部高層決議的事項，一般投資人其實很難直接接觸這塊，除非你本身是公司高層或相關決策者，否則這些消息放出來，通常股價的走勢會已經反應完，我個人在看待這種消息面，會把它視為一種催化劑。

比方某公司傳出接到大量訂單，這類的新聞消息曝光後。

看多的分析可能文章會寫：

訂單多有利營收成長，股價後續走多～

看空的分析可能文章會寫：

訂單多未必會反應在營收上，需要審視個股的經營狀況，以及判斷來源消息的真偽！

那這兩篇文章該怎麼解讀呢？

老實說真正決定這兩篇文章是對或錯只能交給時間，若後續股價上漲，自然看多的對，後續股價下跌，那就是看空的對，這現象再次說明，預測多空真的不重要，重要的是投資人所採納的策略是否會因消息面而改變，或者說該消息面一出是否會改變整個價格趨勢，投資人該怎麼因應才是重點，然而這些策略最好是在下單前就能夠先擬定。

遇到像是討論訂單多寡的消息面，會建議先去看該股價的位階，也就是技術線型，先看這檔股價是在走甚麼型態，是高檔震盪準備跌破頸線？

　　◆還是低檔盤整已經向上突破？

　　◆那基本面呢？

　　◆現在是公司淡季還旺季？

　　◆營收有正成長麻？

　　◆籌碼面是強勢還是弱勢？

　　先用比較直觀的指標切入，當股價形成趨勢時，不管上漲還是下跌，消息面很難影響已經形成的趨勢，除非是升息降息這種直接影響股價的消息，否則市場上的小道消息都看看就好，在資訊不對稱的情形下，我們也很難去真的印證它，回歸到投資人該做的事情是，控制好你的資金部位，剩下的就是且戰且走。

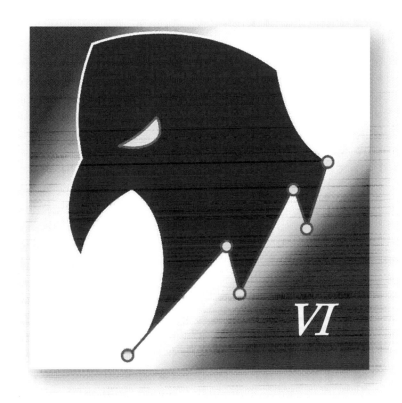

心態與策略

　　前面幾個篇章著重在看盤的方法有哪些，以及常用的分析指標，投資理財類的書籍可以簡單分成幾類，講解指標K線、教你分析財報、認識籌碼大股東；這些是比較偏向應用類的，有另一種是在談心態跟整個投資心得分享，像是作手回憶錄、操盤手的告白，這類型就偏向心態層面的經驗談。

　　心態面確實非常重要，會看K線、分析財報、預估股價等，都比不上有正確的心態，當然啦，在談心態前基本功要有一定的水準，這樣才能有感而發，所以接下來我會用幾個真實發生的案例，來跟各位分享心態跟策略的重要性。

HY先生的聯電

在2020年三月，台股因為疫情的關係跌破萬點，這時候許多股票都出現破天荒的低價，我在當時有跟幾位朋友聊到，這波低點不知道會殺到哪去，若要逢低去買股票，一定要做好資金控管，當然以現在事後看，那時候有all in 股票的話，財產可能會翻好幾倍……嗎？

在2020年的四月到六月，我跟幾個朋友群組討論股票，有推薦大家可以觀察銅價概念股，當時的原物料銅幾乎是在歷史低點，原物料的特性就是會景氣循環，通常到十年低點或是長期低點去買入，只要禁得起時間磨，它會慢慢回到該有的水位，這是景氣循換股的特性，總之當時的氛圍是群組內討論著能否逢低入手股票。

我有位死黨以下簡稱HY，他是在科技業界任職，當時他跟我提到聯電這檔股票，想買的理由是便宜，而且晶圓代工在台灣可以算是科技業命脈，老大哥台積電就是晶圓代工產業，確實也有句話叫做跌深就是最大的利多，當時的聯電價格在12～16元左右，HY來跟我討論聯電的相關資訊，我當時給的建議就是要買可以，做好資金控管即可，於是HY在當時就在14～16元上下去買入聯電，當然他不是用重壓的方式買入，他是用些許的閒錢去買個幾張。

VI. 心態與策略

　　與此同時HY跟我說到，他有位同學也有買聯電，不過那位同學是用融資買入，而且部位有到百張，當然相同時間的價格也是在14～16元上下。

　　後來美國宣布降息，全球股市大反彈，聯電在2020年底漲到44～50元，我記得那時候好像是跨年還是農曆年，我跟HY一同吃飯討論到股票，他跟我分享他的聯電損益，獲利大概有300%左右，他抱了快滿一年就有這樣的獲利，確實是相當不錯，我們談論到他那位融資買入百張的同學，HY說那位同學很早就出掉了，我姑且抓獲利大概20～50%好了，詳細價格我真忘了，但時間點大概就是獲利20～50%左右，HY說早知道當初應該買多一點才對。

　　從HY跟他同學的案例來看，HY是持有少部位的聯電，抱滿快一年獲利300%，HY的同學是融資買入百張的聯電，抱短線獲利20～50%，看到這邊各位可以比較看看，覺得哪一位的操作比較厲害？

　　要我來說的話，這兩位都非常厲害，而且都做對了該有的策略，融資買進本來就是偏向短線操作，因為融資有利息成本，所以短波段有拉出趨勢確實可以獲利了結；持有少量現股做了資金控管，用閒錢就比較沒有資金的壓力，所以可以抱比較長時間，當股價是走大波段時，也比較容易讓獲利拉得更大。

我就跟HY分享這個觀念，若是你當初買入現股聯電是用大量資金，重壓部位的方式去持有，你應該抱不滿一年，因為聯電上漲得過程中也有拉回，要是用重部位的方式去持有，可能遇到拉回就會想賣，反而少量閒錢的現股比較禁得起震盪，這就是有一好沒兩好，有這種正確的心態的觀念，操作上就能更得心應手。

图6-1　聯電K線圖

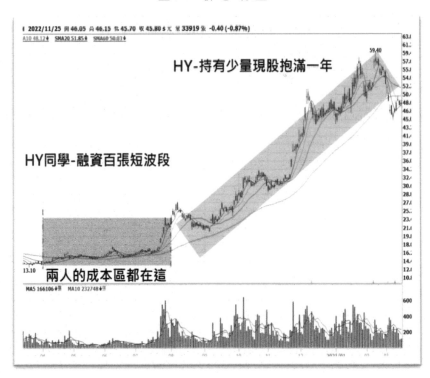

VI. 心態與策略

他們兩位買入的時間點都差不多，都是在黃色區塊偏左邊，差別在於HY同學在上漲第一波那時就先獲利了結，而HY本人因為持有部位不多，所以能抱滿一年。

值得注意的是，在聯電上漲的過程中，都有好幾次拉回，尤其九月還出現從27元拉回到20元的幅度，拉回跌幅約25%，這時候持有部位多的人可能就抱不住了。但我不是鼓勵大家要抱久，股價會怎麼走沒人知道，只是你的策略跟心態要一致，融資就不適合抱長；持有少量現股相對比較抱得住，至於能夠賺多少就端看個人買賣的時機點了。

我用個數字讓大家明白資金部位會直接影響你的持有週期，以HY故事來延伸，假設聯電都買在14元，甲買10張花了14萬；乙買100張花了140萬，用圖6-1來看，若甲乙從2020四月進場，持有至2021一月也就是聯電50元左右，過程中甲乙都會遇到九月份的拉回。

用數字來看就是14元、27元、20元：

甲：14萬漲到27萬，帳上賺13萬，遇到拉回20元，帳上賺6萬。

乙：140萬漲到270萬 帳上賺130萬，遇到拉回20元，帳上賺60萬。

兩者的獲利率用%來算是一樣，但金額依據部位大小而不同，甲遇到獲利回吐帳上是少賺7萬；乙則是少賺70

萬，少賺7萬跟少賺70萬……。

　試問各位，若我們用奈米戶的角度去思考，年薪沒百萬，閒錢可能只有幾十萬甚至十萬不到，當你遇到聯電從14元→27元→20元這樣的變化，

　尤其27→20這段，你會不會認為聯電的高點或許就在20～27元呢？

　若你的答案是不會，因為它後面有漲到50元，那你就是標準的事後諸葛～

　如果把九月份以後的K線擋住，資金規模大的投資人可能會做調節，除非有其他考量，但丟閒錢的人可能就無感，好比買100股零股，損益就變成：

　1400→2700→2000，從27元拉回20元，對於買100股的來說，只少賺了700元，那不如乾脆放著，資金運用的比例會直接影響你的操作跟心態，而資金控管跟閒錢的比例因人而異，對奈米戶來說幾十萬可能是幾乎重壓，對郭董來說，幾千萬可能都是閒錢……

170元的寶雅

我在2013年去寶雅當實習交換生，在寶雅實習的日子偶然跟同事聊到股票，當時同事之間都有風聲說寶雅股價會上400元，當時在2013下半年，寶雅股價大概在150元上下震盪，當時我完全不知道怎麼看盤分析股價，於是就問了同事，怎麼判斷它會上400元？

~~難道是有內幕嗎（誤）~~

同事大概跟我分析了寶雅的財報，說從本益比、毛利率、營收成長還有最重要的是公司有展店的計畫，所以估計上400元的機率是有的，只是不知道確切的時間點。

當時我聽了似懂非懂，但就只記著「**寶雅未來有機會上400元**」這句話，所以我在實習結束沒多久，大概就是2014年中旬決定來買寶雅股票，那時候的股價約170～180元，買一張的成本17～18萬元，這對一個奈米戶來說根本沒辦法買，於是就用盤後零股下單，買了100股價位好像在177元，花了17700買零股來印證會不會上400元。

隔了一年後，2015年寶雅股價往上衝，該年最高為402元，隨即拉回到280元進入震盪整理，各位真的上400元了！

但我有賣在400元嗎？沒有～

我大概在280元左右就賣掉了，成本為177元（100

股），報酬率將近60%，可以看圖6-2，看一下型態感受整個股價波動的過程。

圖6-2　寶雅K線圖

　　把型態攤開來看，很明顯我當時的操作並沒有賣到相對高點，畢竟當時我對股票的操作跟看盤還沒有做研究，事後來看或許會覺得可惜沒有賣在400元。

　　但是這幾年的經驗告訴我，即便知道會上400元，過程中的波動是完全沒辦法預測的，好比寶雅目前最高有到

VI. 心態與策略

660元，但在2018出現從500元下殺到240元腰斬的情況，有誰會一路抱到腰斬又抱到660元的嗎？

說到底目標價重要嗎？

或許有參考性，但過程中的波動跟你的交易策略才是重點，常常看到外資或分析師喊台積電上看XXX元，或是某某股票上看XXX元，有親朋好友問我說台積電未來有沒有可能上1000元，我回答是：有！

前提是台積電的基本面要持續有正成長，加上外資回頭買台股以及劈哩巴拉……

一堆條件，但通常聽的人不會去注意我後面提到的條件，他們會把重點放在，哦！台積電會上1000元，這就好像當年我從同事口中聽到寶雅會上400元一樣，其實那位同事算是投資老手，他那時候也有講很多條件，甚麼本益比、EPS要如何、營收不能怎樣、籌碼也要觀察……，只是我那時候著重在，哦！寶雅會上400元。

所以回過頭來看，當初寶雅有賺錢純粹是新手運，如果用我現在有的功力，回到2014年那一波寶雅的走勢，同事告知可能上400元，我會怎麼操作呢？

這是很有趣的問題，我認真地仔細思考後，若一樣買在177元那個買點，我也不會賣在400元，很可能賣的點是在打到402元後，殺下來那段去找賣點，也就是300～

320元左右。

　　可能會有人問說：為何不是賣在400元呢？當初不是目標價看400嗎？

　　因為摸到400元時，有機率會創更高，這是我從K線型態去切入的，創高的過程中前面都沒有壓力，所以按照我的策略會等看看飆漲到哪，畢竟已經拉開成本177元，剩下就是看能不能放大獲利，然而拉回就明顯要走區間震盪，所以會是我考慮賣出的點，當然買賣點因人而異，我單純分享個人看法跟策略，最起碼不是事後諸葛地說會賣在400元，然後拉回到低點加碼，再賣660元……

　　看圖說故事誰都會，等自己真的下去交易後，才能體會損益浮動跟等待行情的心路歷程，所以要理性地看待市場，若不理性就很可能被市場抬出去～

沒買到便宜價好可惜？

在2020～2022年是股市瘋狂上漲的時刻，有些小型股票翻倍上漲，就連部分大型權值股也是以倍數在成長，台積電從250元左右也上漲到將近700元，隨後在2022年出現了一波修正，拉回至380元左右，在2022年末股價約為480元左右。

用台積電當例子，當時台積電在2022年的那一波修正，有不少人已經開始購入台積電，這其中也包含了股神巴菲特，當股價上漲至480元左右時，市場有些人會覺得可惜，他們認為沒買到380元左右的台積電，就等於錯失了低價購入的優勢，於是上漲得過程就不敢去買台積電，反而是沉溺在**沒買到便宜的很可惜**的這種氛圍裡～

這是一種迷思，會有這樣的想法代表你還不了解自己，市場上常說，做投資或做交易是了解自己的過程，就算讓你買到380或370元的台積電那又如何？

你會在股價480元時就捨得賣掉嗎？

還是你期望它能夠再繼續往上漲，回到688的高點呢？

那如果台積電未來能回到688的高點，500元難道不算便宜嗎？

也就是說，**沒買到很可惜**，這得端看你的交易週期跟投資策略，如果是做極短線或是當沖的，根本不會在意370或380的台積電，他們會聚焦在當日的行情跟當下的市場氛圍，比如跌深反彈後，做短線進場抄底，或是短線漲多拉回，趁波動度大的情況，當沖去做空。做中長期的交易者，如巴菲特在買股票也不會針對特定價格去購買，常常是設定某個價格區間，比如500元以下都是買點，跌破400元更加碼，當然啦，這是有錢人的買法，一般奈米戶手上也沒這麼多閒錢可以去投資，大戶們即便是在賣股票也是會慢慢賣，比方設定600元以上就慢慢脫手，若各位去看台積電的大股東籌碼，在600元之上的那段時間，大股東的人數是持續下降的，大戶買股票會慢慢買，理所當然要賣也是慢慢賣，邊走邊觀望市場氛圍，適時地修正交易策略，而不是在感嘆○○○元沒買到很可惜。

　　不曉得各位有沒有看過《瑯琊榜》這齣連續劇，裡面有一段劇情是這樣，人物有皇子靖王、謀士梅長蘇以及軍統領蒙摯，他們被困在獵宮九安山上，出入口都被叛軍包圍，這時謀士梅長蘇跟靖王在討論著要去外面找救兵，並且仔細地規劃最佳路線還必須得在三天之內回程，正當梅長蘇跟靖王討論地如火如荼時，蒙摯在一旁不解地問：

　　「**你們都在討論路線跟三日內能否回程，怎麼沒想過該要如何出去？正門出入口都是叛軍，根本沒路！**」

　　靖王淡淡地說道：

　　「**有路，北坡有一條被野草蓋住的險路，當年我跟小殊在山上亂跑時發現的，但應該沒幾個人知道，倒是蘇先生好像也知道此路？**」

　　其實劇中已經有說明梅長蘇就是林殊，後面的故事各位有興趣可以去觀看，還不錯看。

　　至於為什麼要提到這段劇情呢？

　　每當我身邊的親朋好友提到**沒買到好可惜**，我都會反問他們，**你們都只想著買，怎麼沒想過何時要賣呢？**

就好比瑯琊榜的劇情，只討論著怎麼下山討救兵，卻沒討論該如何下山，差別在於劇情中的靖王跟梅長蘇是知道路的，然而有蠻多投資人沒有去思考投資策略這一塊，今天就算讓你買到波段低點的台積電，如果你沒有自己的投資策略，相信過沒多久又會懊悔地說，早知道當初就該賣了。

　　投資市場上沒有早知道這回事，早知道當時就買了~早知道當時就賣了，這些事後話對於做投資或交易是沒幫助的，比較好的方式就是買賣前就先擬定好投資策略，假設說想長期持有台積電，從財報跟半導體產業的趨勢，推測未來也許2～3年股價會回到688元，那麼你投資就得用少部分的資金去買現股，千萬不要融資，否則你會抱不住，也不要投入太高比例的資金，股價在上漲過程中一定有修正拉回，投入過多的資金你會被一時的損益浮動影響，投入少量資金後，中長線觀察的指標也要留意，好比說看整體產業的動態是否有轉變，台積電的法說會跟營收或資本支出，這些數據有沒有持續往好的方向發展，上述這些都是可以去研究跟分析的點，千萬不要執著在買到○○○元的台積電，那真的一點都不重要～

選股的思維

　　台股有一千七百多檔的個股，相信大家在剛接觸股票時，一定會無從下手，這邊提供幾個思維給各位參考，以前我會建議奈米戶從低價股去挑選，畢竟當時沒有盤中零股，雖然有盤後零股可以使用，但盤後的搓合其實沒有盤中零股這麼方便，有了盤中零股的機制，基本上不用去在意高低價股，就算是股王也可以用零股的方式去買入。

　　挑個股有幾個參考點，首先如果是公司個股，我們可以先從大面向到小個股，大面向比如目前金融市場上的氛圍，升息或降息、資金是緊縮還是擴張，再來看若熱錢流向股市，從類股指數去判斷當前熱門類股是哪些，如前面談的類股輪動，是半導體類領頭，還是航運類股領頭？

　　藉由強勢類股中再去尋找強勢個股，假設是鋼鐵類股強勢，鋼鐵個股中又有細分是不鏽鋼、熱軋鋼、鋼板或是合成金屬等，或者說是國營企業還是民營企業，這些都會影響個股的波動跟強弱勢，以上大概是從大面向到小個股的基礎概念，如果要反推回去也是可以，好比說你對7-11這間公司感興趣，也可以去研究統一超的基本面，或是你本身的工作環境會接觸到哪些上市櫃公司，有時候身在基層也是可以觀察公司的氛圍。

從大面向到小個股，或是直接去研究公司個股，下一步就是要看你的投資策略跟交易的週期，我個人會建議有正職收入的白天上班族就不要去做專職當沖，專職交易是另一個世界，那真的不適合白天上班族的投資節奏，可以考慮做中長線或是中期波段單，因為做中長線需要等待行情，在等待行情的這段時間，有正職收入的上班族就等於有穩定的現金流，不像專職交易人，他們必須要創造現金流維生，所以不管行情是好是壞都要做交易，一般奈米戶大多都是職場社畜就不太適用專職交易人的投資節奏。（我也是社畜）

建立自己的ETF

　　前面篇章提到幾個族群是常見的存股標的，比如電信類股的中華電、台哥大、遠傳，或是金融類股、公用類股等，存股有很大的誘因是來自於股利的發放，所以通常在選存股的標的時，都會先看它有沒有每年發放股息，然後再來看它填息的效率好不好，另外常見的存股像是ETF中的0050跟0056，老實說現在網路上很多在比較0050、0056，或是其他甚麼公司治理、某百大半導體族群等，這些都是投信公司，依比例去配額個股組的ETF，所以這些ETF中的成分個股都是由投信公司篩選過了，如0050中的台灣市值前五十大並且會汰弱留強，那麼你自己也可以從這五十家成分股中，選幾個你喜歡的去買，而且還可以依自己喜好去調整比例。

　　如台積電在下跌時你就慢慢撿，金融股在高檔時就不要理他，等到0050成分股裡面的金融股下跌了，換買金融股但台積電繼續保留，這樣一來一往等於是你都買到相對便宜的0050成分股，雖然上幾個篇章有提到買到便宜價不是重點，但因為你的投資策略是存股長期投資，成本若能便宜買進，長期下來殖利率就相對高。

不過這就得自己多做功課，你得從0050的成分股中去研究裡面的個股走勢跟配息狀況等。

　　這種感覺就很像是你去吃平價火鍋，火鍋裡面最基本可能是高麗菜、金針菇、肉片、豆皮、海鮮、蘿蔔跟芋頭，平價火鍋就是類似ETF，餐廳幫你配好了，你就負責吃即可，自己煮火鍋的話就可以看菜價去決定，高麗菜便宜就多買點，肉片很貴就少放點，海鮮有特價就多買點，至於芋頭就先不要。

　　透過建立自己的持股組合，就很像是建立自己的ETF組合，這過程中你會需要挑選個股並研究產業面、財報、股利政策等，無形中等於是在訓練自己看盤的能力跟規劃交易策略，我自己本身也有做這樣的策略，好比中鋼一定是存股的標的之一，但我不會在這一兩年去買中鋼，原因是回收場廢鐵的價格偏高，鋼鐵價錢在高檔就別存中鋼，那目前來看橡膠輪胎類的價格偏低，所以我可能會去挑橡膠輪胎業的龍頭股，並研究是否有連年配息跟填息，另外目前的半導體權值股的價格也拉回很多，所以也會考慮買入半導體類股。

　　這邊也建議各位可以嘗試建立自己的ETF，應該說建立自己的投資組合，這過程中會讓你學到很多，而且很有趣，當然啦，如果你不想這麼麻煩，直接買0050或0056也不是不行，只是就少了點樂趣～

　　投資組合中也可以去細分，放中長期領股利的存股組，或是嘗試短線追高的強勢股組，景氣循環的長期概念股，這些都可以自由去搭配，前提是要做好資金控管，你才能輕鬆地去享受投資樂趣。

判斷投資詐騙事件

　　若上網搜尋投資理財的相關新聞，多少都會看到關於詐騙的社會新聞，有些是利用高報酬率去吸引投資人，有些是用合約上的瑕疵去騙取錢財，但不管怎樣，詐騙本身就是犯法的行為，看到詐騙新聞，希望各位先別去檢討被害人，並不是所有詐騙案件都跟貪婪有關，例如你跟某業務購買了商品，付了錢他卻消失了，這種就跟貪念無關，我們來稍微談一下如何去判斷詐騙事件？

　　首先關於投資，以台灣來說，買股票就是找政府合法且有執照的券商，例如元大證券、台新證券，這些知名而且是政府允許的，假設有出現糾紛也有金管會可以去投訴。借錢的話就去找銀行，看你是要個人信貸還是抵押借款，銀行就是選大銀行，例如富邦、國泰，或是官股銀行都可以，盡量別去挑民間私人借貸，說到這邊，你可能會覺得這些都是廢話，但每年關於詐騙的新聞層出不窮，不少民眾去聽信代操股票，明明有這麼多大間券商可以挑，偏偏喜歡去聽信江湖術士；或是有民眾向私人機構融資，結果利滾利滾到家破人亡，最後報案才發現原來是非法的融資機構，有些人被騙是本身個性問題，你跟他說找知名合法且大間的金融機構，他就偏要找江湖術士還覺得自己

VI. 心態與策略

很內行，殊不知是被人利用的假內行。

我自己也遇到很多關於投資企劃的邀約，比方說投資什麼電子錢包，對方跟我說，它們公司的電子錢包要準備在市面上流通，如果要的話可以認股並投資電子錢包，**首繳兩千美金，保證報酬率有**20%，之後每個月還可以XOXO……

基本上聽到這邊我就覺得不對勁，於是我問了他，既然有保證的20%報酬率，那你們怎麼不去跟銀行貸款？

銀行貸款利率跟你們的20%報酬率，這之間的利差你們公司就穩賺了，幹嘛還要找我這種奈米戶投資？

對方跟我說，因為電子錢包並不是XOXO……所以銀行沒辦法貸款。

其實談到這邊各位會發現，不確定的因素太多了，銀行都不敢放貸的公司，我們奈米戶真的有這種實力去投資嗎？

保證報酬率20%，台積電的股票殖利率都沒那麼高，況且保證獲利這句話本身就有很大的問題，經濟學告訴我們，高報酬必有高風險，但高風險未必有高報酬，在經濟學上會拿無風險利率去做比較，通常是用美國國債利率當作無風險利率，當然實際上也可以拿台灣銀行的定存利率來比較，目前台銀的定存利率也沒超過2%，20%的保證

報酬率遠超過2%，只要報酬率＞無風險利率，就可以得知此項投資計畫有風險！

股票就是最好的例子，坊間常有人用存股去創造報酬率，股價本身會波動，要賺取存股的報酬率就得冒相對的風險，最後我是沒有參與電子錢包的投資計劃，我並不會說它是詐騙，我也沒證據，只是它所提及的報酬率跟風險比較下來，實在是太詭異，沒風險又有保證20%獲利，這句話本身就是風險了～（後來這個電子錢包計畫被證實是龐氏騙局，也鬧上新聞）

上述例子是想跟各位說明，當你碰到有人向你推銷金融商品或投資計劃時，你要做的就是先把**風險跟報酬**的來源搞清楚！

比方買股票有不錯的報酬率，但股價的波動是風險；
投資房地產有不錯的報酬率，但房價的波動是風險。

如果有一項商品或計畫，你發現它的報酬率比無風險利率高，可是都找不到風險在哪，這時候千萬要小心，

只要報酬率＞無風險利率，風險就一定存在，找不到的話，單純是你自己找不到或還沒發生。

　　Netflix有一部短片紀錄片，在講美國華爾街跟GameStop的大嘎空事件，各位有興趣可以去找來看，它在講述這間GameStop(GME)股價在走空頭時，華爾街有些投資經理人看到商機去做空，等於是大戶擁有空單且股票正在走空，然而在網路上有一群人正在跟華爾街對做，他們去做多GME並在網路論壇上討論，最後GME出現嘎空行情，股價暴漲讓做空的人都砍在最高點，但你以為散戶就都賺到錢了嗎？並沒有～

　　紀錄片裡面有提到，當時有個股票下單軟體app羅賓漢，主打便利且免手續費，所以有很多人是在羅賓漢下單，傳統的證券商是你下單成交後，資料會傳到交易所，但羅賓漢這間似乎是在玩一個資金盤，它們沒有把單子送往交易所，反而是送給另一間券商公司，而這間券商公司有了買賣雙方的資料後，它們就可以根據買方跟賣方的價格差異去從中獲利，然後把利潤分給羅賓漢，在故事的後段，GME發生嘎空事件時，羅賓漢這app直接禁止賣出GME，導致在羅賓漢持有GME的投資人，當下都無法賣出股票，因為賣出的按鍵是灰色的，羅賓漢等於是犯法做了詐騙的行為。

我當初在看這部紀錄片時，一共有三集，我在第二集看到影片介紹羅賓漢這套軟體時，就覺得不太對勁，美國明明就有大間的券商，像是TD、First，這兩間都是國際有名的券商，不太懂為何要去選羅賓漢這種軟體，最主要是日後若遇到糾紛申訴，你也不曉得羅賓漢有沒有足夠的資本額可以賠償，大間的券商最起碼還有資本額跟財報皆露，萬一法院判賠，大間的券商也有錢可以賠。

談到這邊我不是要去檢討使用羅賓漢的受害者，只是換做我去選擇的話，寧可選更有保障一點的公司，這幾年流行的虛擬貨幣、電子錢包或NFT也是，這些比較新穎的投資工具，要選的話也盡量選大間的，比如幣安交易所。

當然幣安交易所也是有出過駭客的新聞，但比起來路不明的交易所，要冒險也選擇風險小的，不確定性太高的投資工具，使用上要注意。

這部GME事件的紀錄片，最後有談到羅賓漢這app，其實是把投資人的買賣單轉給一間叫城堡證券的公司，其中也記錄了城堡證券跟羅賓漢還有受害者們線上開庭的過程，GME股票暴漲可謂是幾家歡樂幾家愁，有人做空被嘎虧大錢；有人做多順利賣出賺大錢；有批人更慘，做多卻賣不掉還得去打官司要求賠償，詐騙是真的很可惡，單子放亮點，我們奈米戶不是電影或動畫中的主角，天外飛來的禮物要小心，尤其是保證獲利、無風險這種字眼！

相信自己，做出決定！

　　股市裡面有明牌嗎？一開始接觸投資理財時，你可能會碰到這些人，銀行理專、電視上的分析師、出書撰文的財經部落客等，這些人都會提供投資相關的訊息，那他們提供的資訊到底準不準確呢？

　　對於投資人來說，這些資訊的準確與否完全是由投資人自己決定！

　　在投資理財這塊，千萬不要盲從「專業人士」的建議，我舉個例子，銀行理專所提供的商品跟建議，比如理專說黃金未來會漲，一般大眾或許就會因此去買入黃金並打算上漲後賣出，但其實理專的工作專業並不包含「預測未來走勢」，理專的主要收入來源除了底薪以外，就是販賣金融商品所抽取的傭金，所以理專必須要照顧客戶的需求，並提供金融商品的相關資訊，至於未來走勢是否如理專預言，那對於理專來說不重要！

我舉個例子，某銀行有A、B兩位理專，A理專每個月都能業績達標，除了順利賣出公司的金融商品外，每個月還能帶來新客戶；B理專每個月的業績都沒達標，但B理專的投資眼光很準確，他自己做當沖交易勝率很高，試問各位，這間銀行若要刪減人力開除其中一位理專，你覺得銀行會開除誰？

　　也就是說，理專會因為業績沒達標而被公司示警，不會因為投資建議不準，而被主管叫去唸，這是很現實的問題，並不是跟大家說理專說得都不能信，而是我們要搞清楚他們工作內容的利害關係！

　　同樣地，電視分析師也是，一般我們看到電視上的股票分析師或投顧，他們工作的收入來源是靠收會員的會費，所以他們在節目上會為了會員數而去做效果，預測未來走勢的準確性對於分析師來說，還不如想辦法每個月都能招收到新會員！

　　今天說句難聽的，若有個人預測未來走勢的準確性很高，又很會做投資，那他自己就能獲利了，何必去搞招收會員，還得安撫會員的情緒呢？

真正會因為準確性或投資的績效不佳而失業的職業，就是像投資部的交易員，他們是拿著客戶跟公司的錢，想辦法創造利潤來增加公司營收，英國有部實境節目叫做「百萬交易員」，它們請來一群素人來進行投資競賽，裡面也講述交易員會遇到的挫折跟實際工作情況，其中有位負責監督現場素人交易員，他是前高盛交易員Anton Kreil，節目中他有提到交易員的生活，白天看美股歐股，晚上還得看亞洲股市，幾乎是24小時都處於高壓的生活，績效不好就會被主管抓去檢討，然而賺到的錢幾乎全部都是公司的，畢竟你是拿公司的錢去交易，所以交易員是領底薪加上一些績效獎金，公司的分潤比例讓他覺得交易員是一個滿血汗的職業，雖然血汗但收入還是相當不錯，只是不像電影或電視演的那樣，滑鼠點兩下就賺大把鈔票，通常越大規模的投資團隊，他們背後都有大數據跟多套系統在分析全球市場的投資機會。

以上大概是我節錄節目中談到的內容，各位有興趣也可以去網路上找來看。

講完了理專、分析師還有交易員的工作簡介，希望讀者們跟投資人，在做投資決定或是買賣金融商品前，能夠多聽多看，沒有人拿刀槍逼你們去投資某商品，如果有那你可以報警。

做出決定時要有個很重要的念頭，「這是我自己的決定」，這篇不是在談甚麼心靈雞湯或正能量，這是很現實的問題，如果你今天買股票是因為某某分析師或某某理專去買，當這筆投資賠錢時，你就會去責怪某某分析師或理專，到頭來你甚麼都沒學到，只學到了責怪他人，況且同樣的財經訊息，每個人都有自己的解讀方式，看多的同時也有人看空，大家的思考模式跟投資經驗都不同。

但如果念頭一轉，某分析師說台積電未來會強勢上漲，然後你根據這個論點去做功課，研究財報、看K線、判斷籌碼後，做出決定買了台積電，跟自己說這筆投資是我自己決定的，雖然是聽了某分析師的節目，但最終我審慎評估後做出了決定，萬一走勢不如預期，跟某分析師無關，我必須要思考自己的投資策略有誤！

要是能夠把握上述心法，當你賠錢時你會去找出原因，反求諸己；當你賺錢時你才能夠踏實地肯定自己，而不是高談闊論地說道，我早就知道XOXO……

　　避免成為事後諸葛的人，首先要先認定一切的決定都是自己所做，後果要自己承擔，預祝讀者跟投資人以及奈米戶的我們，都能在有生之年做一筆屬於自己的投資，有獲利當然是最好，沒獲利也不用灰心，做好資金控管，來日方長，要有耐心才有機會賺到獲利的投資！

別用薪資收入或財力去評價一個人

標題看起來好像跟投資理財沒啥關係，但在現今社會中，有許多流傳下來的刻板印象跟陋習，都是用收入或賺錢財富去衡量一個人，比如傳統的家庭主婦會遇到的婆媳問題，家庭主婦沒有在外賺錢工作就被另類看待，遇到家事問題往往會成為弱勢的一方，好像家庭主婦被罵是理所當然的，沒在賺錢的人，罵你兩句怎麼了？

有些人還會去歧視職業婦女，延續傳統男主外女主內的陋習觀念，除了性別的不平等評價外，還有一種是用薪水去評斷一個人的價值，例如廣告標語會寫著，想擺脫低薪的工作嗎？想要年薪百萬嗎？你只甘願月領四萬？

這些奇葩的論點很耐人尋味，以台灣產業來說，科技業是台灣經濟的重心，最簡單你從台股的大盤權值占比就能看出來，半導體跟IC相關產業的薪資落點一定是佼佼者，科技業的薪資一定是勝過餐飲業，也就是說便當店的廚師或工作人員，他們的薪資普遍比不上科技產業的上班族，如果用薪資去評價一個人，那台灣人乾脆都別吃飯了，農夫的收入也不是最好，很多人喜歡去比較薪水跟暢談自己的財力，把行業無貴賤忘在腦後，沒有這些低薪的產業支撐，也成就不了高薪的塔頂，各行業應該互相尊重而不是互輕，要比較真的比不完，一山還有一山高，投資

跟做交易是一趟尋找自我價值的路，老實說，我在五年前開始舉辦演講時也時常懷疑自己，我只不過是領著薪水的社畜，投資收入還遠不比上科技業的上班族，那我有甚麼資格去分享投資理財的經驗？

我連買台積電可能都要用零股去存，稍微有錢一點的散戶都買整張的台積電，我既沒有賺取大筆的投資收入，也沒有所謂的財富自由，而且我辦講座跟線上課程完全都沒收費，回母校辦演講還掏腰包買書送學生，這樣的條件我有甚麼資格站在台上？甚至還寫了這本書呢？

這答案很簡單，我在研究投資理財這幾年都會反思這個問題，大家如果上網去新聞台搜尋，金融詐騙或投資詐騙，你會發現很多被騙的受害者，他們金額動輒百萬甚至上千萬，有些身分可能還是公司的董事長或董娘，聽信人家可以代操盤或是買了XOXO可以有高報酬，就傻呼呼地把錢都給對方，這就是所謂的隔行如隔山!?

我的財力只能稱為奈米戶，買台積電只敢買零股，這些散戶受害者都有上百萬甚至上千萬的資產被騙，照理說他們有能力賺取這些財富，頭腦應該不比我差才對，怎麼會發生這種蠢事？所以真的別用薪資財力去評斷一個人。

剛開始在籌備投資講座時，會想著台下很多人比我有錢，我還教他們投資理財，想著想著就沒了自信，但一想到這些受害者被詐騙的新聞，念頭一轉，原來會被騙的人，跟他的收入高低沒有關係，我繼續分享投資理財的資訊，至於聽眾或讀者要不要相信，就讓他們自己決定，畢竟在金融市場得時常懷疑他人，在做出決定前甚至也要懷疑自己，認真審視這一切，再謹慎地做出決定，從分析判斷到做出決定，這過程中要不斷地跟自己對話，最終才能相信自己並等待結果到來，不論結果是好是壞，都要是自己的決定，那才是最重要的。

　　正在讀這本書的讀者們也一樣，書中的內容都是我個人經驗分享，你們讀完之後要有自己的判斷，適合我的投資策略不一定適合你，書中內容你可以當作參考，最重要的是要有自己的判斷，然後做出自己的決定，哪怕你跟我一樣是奈米戶，領著固定薪水、沒年薪百萬的社畜，你一樣可以暢談並享受投資理財帶來的樂趣，買不起一張的台積電你就買零股；若是學生族群還沒有閒錢，那你可以單純看盤累積財經知識，奈米戶有奈米戶的優勢，找到人生的樂趣比較重要，在投資理財方面，我離財富自由還非常遠，但談論這個話題都會讓我充滿熱忱，前陣子在網路youtube上看到一則Ted Talks的影片，該集主講人是曾博恩，他說興趣沒有目的，當你對一件事物有熱忱，你根本

不會管它是否能帶來收入，甚至還會花錢去做這件事情，然而現今社會的觀感卻不是這樣，好比說某人的興趣的打籃球，就會接著問那打籃球有錢賺嗎？

喜歡唱歌或跳舞的人，如果不能靠唱歌跟跳舞賺錢，似乎就會被社會觀感否定，工作跟興趣並不一定要一樣，博恩也談到，很多人會說我熱愛我的工作，那假設你這份工作是沒收入的話，你還會熱愛它嘛？

如果答案是會，那恭喜你，你找到了人生的熱忱，而且它還能滿足最基本的物質需求；如果答案是不會，那也許這份工作或這件事情，是你沒興趣的，你有興趣的是錢，而金錢在心理學上是一種次級增強物，舉例叫小明拉個拉桿十下，就給他十萬元獎金，於是小明很開心地拉了拉桿並拿走了十萬元，不明所以的小明津津樂道地說，我最喜歡拉拉桿了，其實不然，他喜歡的是錢。

這就是次級增強物，不是說喜歡錢不對，而且喜歡錢這件事本身不能算是目的，而**興趣本身就是目的**，以上一小段是節錄博恩在Ted Talks的演講，完整內容可以在youtube上搜尋到，關鍵字輸入「曾博恩Ted Talks」就會有了。

上述這些話題看似跟投資理財無關，但實際上這種關於心理層面的議題，恰恰是影響投資心法的關鍵，最簡單的來說，巴菲特是知名股神且財富萬貫，那他的投資策略就適用在每個人身上嗎？

　　奈米戶或散戶有錢去買下一間美國的企業嗎？

　　顯然他的投資策略是建立在適合他的經驗背景，我們沒能力也不能夠照本宣科，巴菲特的財力跟一般人無法相提並論，但我們能夠學習的是他對於事件的解讀或見解，因為他是超級大戶。他的見解跟解讀我不敢說一定正確。

　　但假設巴菲特在今天喊說：「明年黃金要大漲！」然後附上了個人見解，這可以視為黃金的利多消息，**因為巴菲特會去投資的標的**，由於巴菲特本身就是利多，他就是籌碼面的大戶指標，他跟坊間的江湖術士喊漲不一樣，光是近期波克夏買入台積電的新聞，直接影響台積電的型態，證明巴菲特是可以靠自身財力，去直接影響股價，我們可以從巴菲特的見解去學習他的思維，但要模仿巴菲特依樣畫葫蘆，這是不大可能的，況且奈米戶有奈米戶的價值，同時也有奈米戶要面對的難題，一樣的情況也會發生在散戶跟超級大戶身上，大家的身分、背景、經驗都不同，要有耐心地去找尋自己的價值，不要被別人否定就認定自己不行，天生我材必有用，投資就是一趟尋找自己的過程！

要用對工具

　　用來當作投資理財的工具有很多，像是房地產、債券、股票、基金保險等，這些都是投資理財的工具，那每項工具都有它的特性，我的大學某位教授在上課中講過一段話，他說：「工具只有適用不適用，沒有好壞之分。」這句話可以用來貫穿接下來要談的內容。

　　前面篇章著重在股票這項工具，跟股票性質比較接近的像是期貨、選擇權、基金這類，首先要先有個概念，期貨跟選擇權它有時間性，在台灣期貨是每個月會結算一次，選擇權有分週選跟月選，也就是每週結算或是每月結算，這個結算的意思你可以想成是，到期日就把你的股票強制賣出。

　　比方你現股買進一張台積電，你可以持有一年、十年甚至是五十年都不賣，只要台積電沒有下市，持有至何時都可以，因為股票沒有到期日，但期貨跟選擇權就有到期日要履約，像這種的商品有到期日的投資商品，在使用上就要特別注意！

　　很有可能因為使用不當的投資工具，導致你明明看對方向卻沒賺到錢，我舉個例子，假設台股從一月一號15000點，到三月一號上漲至16000點，而你從一月一號開始就看多台股，認為台股在新年後會出現大漲行情，從上

述的情況來看，台股在兩個月上漲一千點，照理說應該是做多的人都會賺到錢才對，然而更準確的說法應該是，你得用對投資工具才能賺到錢！

以上述情況用結果論來看是兩個月上漲一千點，但過程中很有可能是先下跌後上漲；或是盤整後再上漲；也可能是先盤跌，在最後七天才上漲。

如果你的投資工具是大盤相關的ETF，那這波你應該是會賺錢，但如果你用的是期貨或是選擇權，就不一定會順利賺到錢，搞不好還會賠大錢，原因在於先前提到的到期日，期貨跟選擇權有到期日會強制平倉，假設你在一月一號買了一口期貨看多，而這期貨的到期日是一月的第三個禮拜三，所以你在一月中就會被強制平倉，若遇上的走勢是先盤跌後上漲，在台股還在下跌階段時，你的期貨部位就被結算強制平倉了，你的已實現損益就會是虧損。

選擇權也一樣意思，若你在一月份買進一口月選買權做多，月選也是在第三個禮拜三結算，這次盤勢若是盤整盤，你在一月中跟期貨一樣被結算強制平倉，雖然你也是看漲做多，但期貨跟選擇權的特性是有到期日，在到期日那天，指數還沒開始上漲就被結算，這就是看對方向但工具挑得不好，造成操作上的損失。

關於期貨跟選擇權的商品策性，有興趣可以自行搜尋
關鍵字來看，光是談期貨跟選擇權這兩項商品，其篇幅可
能多到要寫成一本甚至兩本書，本章節是先讓各位有個概
念，期貨跟選擇權它們具有槓桿性，隨著到期日的不同，
槓桿性也會有所差異，前面的例子聽起來會讓你覺得，期
貨跟選擇權好像只適合做短線，放長線似乎不太適合，理
論上是這樣沒錯，但現實上有些投資人會用**遠月的期貨或
月選**去做中長期投資，雖然價格跟流動性會比較差，但可
以省去管理費，而且期權的手續費也比ETF來得低，到頭
來這些投資工具端看投資人怎麼使用，用得好就可以降低
風險並將收益最大化。

有個大盤期權指標叫做**外資期貨淨空單**，就是從外資
的期貨留倉部位去推論目前大盤的強弱勢，比方說外資如
果這個月都留倉多單，一直做多期貨，這就會被視為是偏
多指標，反之；外資如果這個月都做空期貨，淨部位的空
單一堆，這就會被視為偏空指標，大盤可能會被外資的空
單給壓下去！

但這項指標最好不要單獨解釋，要搭配大盤的位階跟
股票市場的買賣超來看，有時候外資是會用股票做多，買
進台股的同時，剛前面提到期貨的特性是每個月會結算一
次，所以外資會用期貨做空來避險，萬一在指數上漲的階
段遇到下跌，外資的期貨空單部位就可以獲利避險，而股

172

票部位屬於比較中長期的投資，在大盤下跌修正時，只要結構沒被破壞就不見得要賣出股票，變成中長期持有股票，短線用期貨去避險。

這是利用大盤K線的特性，再配合投資工具所產生的策略，一般在上漲多頭格局時，一定會有修正回檔的型態；在下跌空頭格局時，也會有出現反彈的型態，所以你在媒體上會看到**長多短空**或是**長空短多**，用來描述大盤或價格走勢，我們奈米戶如果沒有多餘的閒錢去操作這種策略，可以單純透過買股票投資即可，如果真的想研究一下期貨選擇權，或是權證之類的商品，切記，商品的特性跟遊戲規則一定要搞懂它，否則看對方向也做對方向，最後栽在工具失誤上，那感覺會非常嘔！

聳動的標題會害人

隨著社群媒體越來越多元，競爭的人數也越來越多，大家為了搶流量，常常會用聳動的標題來吸引點閱率，甚至文章的內容會為了符合標題，而寫出很多邏輯謬誤的論點。

比如我之前看過某財經部落客寫過一篇文章，標題大概是說，「不用看K線跟量價的懶人投資法」，這種標題對於我而言，我完全不會想點進去看，理由很簡單，身為一個投資人，你必須要看量價跟K線，你可以不用學得非常專精，但最起碼要能夠知道價格的相對高低檔，以及目前的走勢大概如何，至於「懶人投資法」，說實在的，市場上的投資高手這麼多，在投資市場上，你的競爭對手可能是法人、散戶甚至還有專職的交易員，這些人是靠交易維生，他們準備的工具甚至會用一套大數據系統來做為投資參考，面對這些兢兢業業的投資人，要想靠「懶」就在市場上賺到錢，未免太過鬼扯！

後來我看了一下那篇文章的內容，內文提到透過看產業的趨勢，還有針對財經新聞以及財報的公布，去判斷出將來有趨勢的產業，這聽起來像是從基本面下手的投資策略，到這邊邏輯上都沒問題，直到我看到它內文提及「本益比以及Eps……」，內文居然有談到本益比，本益比是

用股價去除以每股盈餘。

也就是說，這篇文章標題雖寫著：

「不用看K線跟量價的懶人投資法」

但實際上它還是有參考價格；它標題寫懶人投資法，但實際上還看了財報並分析了基本面的產業結構，要知道解讀財報本身就是一門大學，這怎麼會是懶人的行為？

這聳動標題跟實際內文不符，但一般的投資新人可能就會被誤導，以為K線跟量價真的不用看，傻傻地相信懶人也能在市場上賺錢，殊不知人家背後做了多少功課……

另外我發現很多文章喜歡拿存股作為話題，或者是拿長線投資去跟短線投資比較，比方常看到這類標題，「靠著存金融股，它每年領百萬利息」或者「炒短線是毒藥，做長線是靈藥」，我是真的呼籲讀者們，這種標題都可以忽略，凡是刻意營造對立或是誇大的標題，一定要先看過內文再下結論，比方靠著存股領百萬利息的那篇，我點進去看發現按照內文所述的話，這個人必須要年存兩百萬的本金，也就是說你一年最起嘛要存百萬的本金，才有辦法達到它的敘述，那這真的是見鬼了！

一年要存百萬意味著年收一定要破百，對於奈米戶而言，這種文章根本沒有實質幫助，而且存股顧名思義是要走長期投資策略，然而市面上教你存股策略的的這些人，

VI. 心態與策略

他們本身存股有超過二十年嗎？如果沒有，那他們教的內容就沒什麼說服力，我舉二十年為例是考慮到景氣循環，二十年大概會經歷升息與降息、天災人禍、政黨輪替等，長期存股策略勢必要經得起這些風險檢驗。若只是存三～五年就拿出來講存股，那未免也太言過其實。

就好像是四十歲的中年人跟九十歲的長者，他們都在傳授長壽的秘訣，照正常邏輯來看，應該是九十歲的長者會比較有說服力，當然這位四十歲的中年人也許能活到一百二十歲，但就以當下情況來判斷，還是九十歲的長者更具說服力！

存股要有耐心跟挑對股票，波動過大的股票或是沒有連續配發股息的股票，都不適合拿來存股，並且存股一定要做好資金控管！

我身邊就有幾個親朋好友，一開始看了存股的書或文章，就也打算要跟著學存股，其實這是好事，他們來跟我聊想要存股時，我都會給予適當的建議，提醒注意公司是否有填息、股利政策如何等，但當他們實際下去存股時，才發現存股真的沒那麼簡單，最常見的就是沒有耐心，一般存股屬於長期投資，所以你得忍受帳面上的浮動損益，然而像是2020年那一波降息趨勢，網路上許多人都貼出自己的當沖戰績，於是看到了別人當沖都賺好多錢，自己卻在做長期存股，相信大家剛開始都會遇到這種心理壓力，

這很正常！

這就是正常的人性，看到有更快速、更有效率的賺錢方法，人們會想要去嘗試，這很合理！

所以我身邊幾個親朋好友，一開始說要存股的，後來有幾個放棄這念頭，在降息趨勢那一波就跑去做偏短線波段交易。

你要說他們沒有耐心不夠持之以恆嗎？不！

我看到的是新手投資人正在學習並成長著，因為在2022下半年升息那波，這幾位親朋好友開始懷疑自己是不是不適合做短線波段，市場就是這麼有趣，人性也是如此，你可以從報章雜誌看到做短線波段或當沖的大戶，他們都是市場上的佼佼者，然而也有做短線殺進殺出到頭來卻賠錢的大有人在；同時你也可以看到做長線投資或存股的大戶，他們靠著投資不愁吃穿。

做長線或做短線的好壞，根本輪不到我們奈米戶去評論，只要清楚一件事情，不管做長線還是短線，要想賺到市場上的錢並沒有這麼簡單！

我那幾位親朋好友從存股轉戰到短線波段跟當沖，最後又回到存股，看似白忙一場，但我想他們一定學到很多心理層面的東西，最起碼又更了解自己的心性，這些投資經驗都是養分，最終他們一定能找到適合自己的投資方式！

談到投資方式，其實有很大一部分取決於你的生活模式，若你的職業是一名上班族，上班沒時間看盤的人，幹嘛做當沖交易？

若你立志要當一位專職交易人，那你不做短線當沖難道要長期投資？專職交易人的現金流就是來自交易，必須要想辦法每天獲利！

然而一般上班族有一份正職薪水，且上班時間無法盯盤，這種條件本來就不允許你做當沖。做長線也好、做短線也罷，不用去批評對方，最重要的是找到適合自己的投資方式，你批評或看輕對方並不會帶來投資收入，老實地做好自己的投資策略才是重點！

要破除聳動標題的迷思，讀者必須有識別的能力，若看完文章的第一時間無法分辨，請不要先行下結論，可以多看其他人的留言或去詢問他人意見，最後再自己做出判斷，這過程是不是跟做投資很像？

看到○○股飆漲，又看到文章標題寫著：「現在不進場會後悔！這一波要把握機會……」，有些腦波弱的投資人，可能就不假思索去相信了。

另外有些文章比較像是幹話文，這種文章無傷大雅，內文沒有推銷商品跟課程，看完你會發現好像有學到甚麼，又好像甚麼都沒學到。

　　「做股票很簡單，低點買進然後高點賣出。」

　　這就是標準的幹話，不過大家也可以學起來，學這種幹話的好處就是消遣用，有時聊天拿來說個幾句，還真以為自己很懂投資！

　　其他像是「別人恐懼我貪婪、別人貪婪我恐懼」，這主要是強調市場氛圍會影響走勢，在極度恐慌的氛圍裡，常常會出現錯殺的好股票，但要挑到所謂的好股票，這就需要功力了！

　　或者「會買的人是徒弟、懂賣的人是師傅」，這單純強調進出場的重要性，在我看來買點跟賣點都很重要，你進場要有依據，出場也要有邏輯，與其學這些語句掛在嘴邊，不如多充實自己的投資看盤能力，先認清自己的實力比較重要！

VI. 心態與策略

投資的迷思與謬誤

剛開始學習投資理財時，我自己是從網路影片跟文章開始琢磨，像是財經新聞跟一些分析師的頻道等，書籍的部分也有，但比起閱讀書籍，我更傾向去參加線上課程或是演講，但不管是書籍或是演講，投資理財宏觀能談到國際社會面，微觀能探討個人心理層面，也正因為探討的議題很多，一些迷思跟謬誤就次產生。

「因為台股很難做，所以就去做美股」

這個是滿常見的迷思，有些文章或部落客會跟你說，台股的整個市場太小，美股的企業資本都非常大，美股市場很多都是國際知名企業，投資美股比較容易賺錢。

談到這邊其實我滿疑惑，做台股跟做美股其實某程度上都是同樣的事情，就是「做交易」，若台股做不贏，為何到美股你就有把握可以贏？

公司的資本額大不大、是不是百年企業，這些並不是決定你投資勝率的因素，你在台股做不贏，應該要先找出原因，看是不是你的投資策略有誤，是都砍在相對低點，還是進出場次數頻繁且沒有依據，又或者是資金控管沒做好，導致一點小波動就把你甩出去，這些才是你做不贏台股的因素。

而美股是另一個國家的投資市場，若你在台股交易的惡習不改，到了美股也一樣會被扛出去，影響你投資的勝率並不是市場，市場永遠是對的，要改變的是你的交易習慣、你的交易思維。

「股票是越跌越買，而不是越追越高」

這句話其實沒問題，但這是建立在你真的懂這句話的意思！

在多頭市場拉回的過程，或是市場極度恐慌下，對於被錯殺的績優股而言，完全適用越跌越買的交易策略。

問題是要判斷這檔股票未來是不是績優股，或者未來的股價能否走高，這是相當不容易的事情！

即便是經驗老道的投資人也會有看錯的時候，那看錯應該怎麼辦？

嚴格執行停損這件事，對於一般人真的這麼容易做到嗎？

短短一句話，其實背後是有很多因素要去思考的，我個人不敢說投資經驗老道，不過，被市場修理過的經驗告訴我，所謂的**「投資金句」**之所以是金句，是因為背後的涵義值得大家去思考。

講個台股經典案例，宏達電在破1300元後隨即的走空下殺，現在事後論來看就不適用越跌越買，當然你可能會說，因為它產業XOXO⋯⋯公司XOXO⋯⋯，所以該停損而不是越跌越買。沒錯！

只要舉個例子出來，其實大家就能清楚地明白，越跌越買要建立在未來該檔股價還會走高，而判斷股價是否未來會走高，這可是一門大大大大學問！舉這例子是希望投資人不要單純去記住投資金句，而是要了解它這句話適用在什麼樣的人事物，以及在什麼條件下才能成立，有這樣完整的論調後，你會發現這種思考的過程，就是在幫助你建立投資策略。

「凹單跟加碼攤平是一線之隔」

前面提到的越跌越買，若之後股價表現良好，未來有持續上漲，那麼你就是屬於加碼攤平成本，這策略奏效了！

但若股價越跌越深，甚至不幸跌到下市或者你不得不砍倉停損，那你就是屬於凹單！

死凹不砍只好砍在阿呆谷（相對低點）。

凹單跟加碼攤平要讓時間來見證，漲上去就是策略奏效，跌下去就是凹單，當你在做出加碼攤平的動作時，一定要握好資金控管，並且時刻觀察它的股價動向，千萬不

要用什麼懶人投資越跌越買，萬一運氣不好碰到下市，嚴重的話都搞到負債累累、家破人亡，這類的新聞也很多！

　　總之不管是凹單還是加碼攤平，做好資金控管，就算到頭來是停損賣出，你也不至於受到重傷，趕緊重整旗鼓！

　　在市場上受挫是很正常的，我在臉書社群有追蹤幾個投資大神的文章，其中一位**高拋低吸**他就很強調要「**控制賠**」，在市場上受挫很常見，高手們往往比得是誰在失敗中可以控制賠的損失，想知道更多細節，有興趣各位可以去搜尋高拋低吸的文章來看，他也有開設podcast頻道，跟另一位大神**阿魯米**一同主持的**米高金融實驗室**，我個人大推這個頻道！

　　他們的交易思維跟心路歷程真的值得投資人去學習！

別被數字綁架了！

　　以前大學念的是商科類，常聽到教授們提及數字很重要，呼籲學生要對數字有敏銳度，然後台上教授可能就會秀一手他所謂的數字敏銳度，告訴學生星巴克一年賺多少、超商的咖啡總額占比多少，這些資訊其實上網查就能找到，你只需要背起來然後說出來即可，有時候數字是用來強調或是印證你的論點，比方我說台積電是護國神山，它在2020年降息股價波動最大，該年度的報酬率可以來到50%，同年的大盤指數波動也差不多。

　　所以台積電是跟大盤的走勢息息相關，另外台積電的市值佔了大盤的約30％，第二名鴻海約3%，可見台積電之於大盤有多重要，甚至第二名鴻海的市值占比還遠輸台積電十倍！

　　這是用數字去把抽象的概念給具體化，數字在投資理財或金融市場很重要。

　　然而投資不單單只是實際操作面，投資更重要的是心理層面、更多的是探討人性，你只要打開影音網站或是搜尋引擎，輸入投資教學四個字，就會有以下類似的文章或影音標題：

「如何在30歲之前存到一千萬」

「靠存這檔股，年領百萬股息。」

「二十歲就投入股市，複利的威力讓我財富自由！」

「上班族靠投資理財，每年創造百萬現金流！」

「三十歲能有房又有車的神祕投資法則——87法則」

以上標題是我亂寫的，如有雷同不是巧合～

看完這些標題，對於剛接觸投資的新朋友，或者是本身腦波比較弱，對自己沒信心的人，也許你正在被數字綁架！

以下的內容是給腦波弱或是對自己沒信心的讀者們看的（在下不才給的建議）

你會開始執著在「我一定要在30歲之前有多少存款」

「趕緊趁早投資去享受複利，這樣才能財富自由」

「我真沒用，慢人家好多步，我一定很失敗。」

若你有以上類似念頭，其實你不是失敗或沒用，你單純只是被數字綁架！

俗話說比上不足、比下有餘，台灣知名有錢人企業家郭董，我想他孫子將來繼承家業，三十歲有個兩、三億台幣，也許只是他的零錢；相對地，對於一個出身貧困或家道中落，並且還背負學貸的年輕人來說，三十歲可能還忙

VI. 心態與策略

著賺錢還債,更別談什麼投資了,投資要用閒錢,吃喝水電都不夠用了,還買個鬼股票,這種現象在台灣一定有,而且不會是少數!

這兩者相比下來,相信讀者們可以知道我想表達的東西,有時候不用太在意數字。

三十歲還負債又怎麼了?

有些人還沒到三十歲就往生了!

沒買股票或沒錢投資又怎麼了?

有些人連買個便當都要東湊西湊,連要吃待用餐都不好意思開口。

我寫這本書的初衷並不是要傳達投資好簡單或很輕鬆,金融投資市場裡面有一大堆高手在這交易,高手們都是戰戰兢兢在賺取市場的錢,我們奈米戶何德何能可以跟投資高手或大神們相提並論?

這本書是要讓各位有個觀念,投資理財也可以當成像是星座、心理學等議題,單純當作茶餘飯後的討論,增加聊天的話題,親朋好友之間談論星座也是如此,

難道你們談論星座會真的很嚴謹地去驗證嗎?

水瓶座不宜出門當天就不出門嗎？

並不會，那只是當作參考罷了，該做的事情還是得做，該上班還是得去～

投資理財也是如此，你要輕鬆看待就可以當成像星座這樣聊聊天的話題，但你若真的想要在市場上賺錢，想要在市場上分一杯羹，那你必須要鍛鍊你的腦波跟心智，心臟要夠強，要有正確的三觀，否則，你會被數字綁架然後迷惘地做決定！

每個人的身分背景不同，不應該用相同的數字去衡量每個人，你的三十歲跟我的三十歲根本沒關聯；你能年賺百萬千萬也不關我的事，除非你要分我。

做交易就是反求諸己，到底自己真的獲得了什麼，又失去了什麼，這些東西只有自己才能發掘，與其看著別人好像過得很好，不如多在意自己的狀況，別人的情況可以當作參考，但不要用來變成自己的枷鎖。

可以把你認為的成功人士當成努力的目標，有正向的推力這是好事，但如果你是會感到壓力、徬徨的人，可以試著跟自己對話並去思考那些比你更低潮的人。

生活圈中一定有很多人過得比你好，同時也有過得有一餐沒一餐的人，如此互相比較，人比人是真的會氣死

VI. 心態與策略

人，只有跟自己比才能得到答案，這一part聽起來像是什麼心靈雞湯～

與其在股票上賺好個幾百萬，還不如建立一個強大的內心與正確的價值觀！

你可能會說：「喔不～比起強大的內心，我更想要那幾百萬的現金～」

相信我，若沒有正確的價值觀跟強大的內心，給你幾千萬你都會輸給市場，準確地來說你是輸給人性，這是我敢保證的，因為我看過太多例子了，隨便新聞媒體、報章雜誌你都能找得到類似的案例，這就不再贅述。

談到這邊會發現說，做交易或投資，到頭來心理層面的重要性是大於技術層面，財報、K線、籌碼資訊等，這些內容都公開寫在那，大家看到的都是一樣的內文，但每個人的見解都不一樣，正是如此，股價才會有漲有跌能成交，有人看多的同時也有人看空，有人看好就有人看壞，股市就是人性，你所看到的資訊或數據數字，這些是讓你拿來利用的，所以要建立強大的內心與正確的價值觀，你才能去運用這些資訊數字，千萬不要被數字給綁架了。

奈米尸回憶

　　這篇章節是要分享我的心路歷程，前面談很多投資相關的議題，接下來想分享我的自身經驗，內容有些會跟投資不太相關，無關的部分，大家可以當作看故事趣味一下！

　　投資或者說做交易是一趟尋找自我的路，從大學畢業後就開始接觸投資理財，至今也有約七年。若有人宣稱他自己做投資交易做了七年，普遍大眾也許會認為，這個人多少也累積了些財富，甚至是已經不愁吃穿、財富自由，畢竟很多文章或媒體都散布著趁早投資就能賺大錢的觀念，然而我這七年來並沒有累積甚麼財富，倒是累積不少心得，這七年下來賺取的收入，還不如台積電高階工程師兩年的薪水，若以收入財富作為評斷標準，我是完全沒有資格出這本書的，但就像前面章節提到的，跟投資失利虧損百萬、千萬，或是被陷入詐騙事件的人，又或者剛初入股市的投資人相比，我就有那麼一點話語權來分享我的際遇，希望讀者們看完我的際遇後，可以少走些冤枉路，雖然我是奈米戶，但這七年來，我從投資這件事情學到很多經驗也經常反覆跟自己對話，累積了不少心得，接著我就分享奈米戶的際遇，供各位讀者消遣～

原來心冷的感覺是這樣

看這標題難道是要分享失戀的際遇!?

（其實是慘賠的經驗）

我最早接觸的投資工具是股票，但初期最沉迷的不是買股票，反而是選擇權，為什麼選擇權會這麼吸引我呢？

因為選擇權的槓桿最大，而且所需要的本金可以非常小，小到50元（1點）就能參與這個市場，選擇權的交易策略非常多元，我這邊淺談就好，有興趣各位可以再去搜尋，以免佔太多篇幅，失焦了我想說的故事，簡單來說選擇權的買方類似你去買運彩，你下注100元最大的虧損就是100元，選擇權有買權跟賣權，簡單來說就是買漲或跌，然後根據履約價的不同，槓桿跟風險比程度也不同，當時我學到的策略就是，趁有大事件要發生時，去操作選擇權，因為價外的選擇權對價格很敏感，如果壓對方向且波動很大，一天漲個一百倍都不是問題！

我知道聽到這已經有太多專有名詞，我可以簡單描述狀況，我的作法就是去買**最不可能發生的狀況**，比方說運彩的世足賽，巴西對上卡達好了，一般賠率來說，一定是巴西賠率低，因為巴西過去的比賽戰績遠遠超過卡達，所以巴西贏面很大賠率很低，等於說卡達要贏的機率很低，但賠率就會很高，我的做法就類似去買卡達贏而且我還下

VII. 奈米戶回憶

注卡達會贏巴西十球！

如果我賭對了，賠率肯定是賺好幾倍，萬一錯了就才賠下注的金額而已，所以當時我就迷上了交易選擇權，並想著有天會靠這個賺進大把鈔票～

時間點是在2016年5月20日，就是蔡英文總統發表演說的那天，我整個心都冷了～

當時我忘記看到哪篇文章寫說，政黨輪替完的那一年很容易走空，因為以前國庫通黨庫，會有甚麼脫產行情，當時文章還舉例民國2000年阿扁當選那年，政黨輪替後，台股從萬點跌到了三千點，許多人靠那一波賺千萬甚至上億，我當時就是投資小白階段，想說2016年也是政黨輪替，難不成要崩盤了嗎!?

剛好我學過選擇權交易，而選擇權所需要的本金可以很少，只要你下價外好幾檔的價格即可，比方說當時的指數約8100點，按照週選來看，每50點跳一檔你想做空買跌的話，價外依序是8050、8000、7950、7900以此類推，然後越遠的越便宜，但發生機率越低；越靠近8100的越貴，但發生的機率高，我當時就是買了好像是7700還7800，總之是買了一個要大崩跌才會有獲利的點位，畢竟前面看完文章後，還以為有機率會崩盤三千點，於是我先買了兩萬元左右的賣權，等於是做空台股，我看空的原因不是政黨

顏色，單純是政黨輪替的現象，加上當時有一派說法是台股萬點是巨大壓力區，又更加看空台股。

結果蔡英文總統發表完演說後，股市大漲了兩百點，我最初下單的部位直接歸零，兩萬元啪一聲，就沒了～

隨即盤中我想說反彈皆空點，又再下了一筆兩萬元的空單，結果當天收盤幾乎收最高，我就這樣賠掉了四萬元～

賠掉四萬元的當下我沒啥感覺，直到當天晚上才開始意識到不對勁，反覆思考我是哪個環節做錯了！

為什麼會失心瘋去做這筆交易？

為什麼在那當下我完全沒把風險當成一回事？

選擇權買方風險有限，但獲利無限，

我是不是被這句話洗腦了？

選擇權買方風險有限、但獲利無限，這句話是對的，就跟你買樂透一樣，風險有限，你賠掉的頂多就是下注的金額，而獲利中頭獎就抱走極大利潤，在當時我心中只覺得政黨輪替＞脫產行情＞股市崩盤＞2000年崩盤三千點，所以2016也會同樣發生，於是我就去下了這筆單，事後來看，就好像拿四萬元去買樂透一樣，一般我們買樂透都不會買太多，因為你知道中頭獎的機率很低，雖然頭獎的金

額是極度誘人。

當晚我完全睡不著覺，心裡開始想著，四萬元幾乎是一個上班族的月薪，我損失這些錢，等於是要做一個月的白工，為什麼我會這麼蠢？

不交易不就沒事了？如果沒做這筆單，四萬元拿來當餐費都夠吃三、四個月，到底為何要犯這種蠢事？

我大概整整快一個禮拜都在思考這件事情，原來心冷的感覺是這樣，躺在床上反覆思考，身體感覺心臟整顆都是冷冰冰的，之前閱讀過一些華爾街著名交易員的書，面對鉅額虧損的心境，他們形容得都很玄！

「我站在電腦前看著虧損的數目，這一刻我離地獄好近。」

「看著浮動損益在變化，此時此刻我正站在深淵的邊緣。」

大概類似這種心境，其實關於這類的書籍或文章有非常多，例如「暗黑操盤手的告白」、「百萬交易員實境秀」、「股票作手回憶錄」，都有談到關於面對鉅額虧損的心境，在還沒遇到虧四萬元事件之前，我都覺得這種用詞未免也太誇張，直到我親身體會後才發現，原來書上說得一點都不誇張，只是我沒有嚴重到用地獄或深淵來形容，單純就那一週晚上都睡不著，加上心是冷的，如此而

已～

大概沉寂一週左右，我慢慢地轉換心境，四萬元對於一個剛出社會的新鮮人來說，真的是很大筆的數目，但對於整個投資市場來說，根本不值得一提！

外資買賣超一天都上百億，當沖客光是交易的手續費都不只四萬，經過反覆思考之後，我下定決心！

從哪裡跌倒我要再站起來，於是我開始去研究更多的資訊，大盤籌碼面、選擇權的隱含波動度、價內外該如何選擇等，以及更精進在解讀K線技術分析的型態，最重要的是，**做好資金控管！**

為什麼我會心冷？因為四萬元對我來說是會心冷的數目，如果當初只下四百元，我完全不會心冷，所以資金控管超級重要，壓重本去做投資時，心境上會非常容易受影響，一旦心情被浮動損益影響，就可能會做出錯誤的交易操作，所以從那次之後，我就把資金控管做得很嚴，投資是要讓生活過得更好，若投資會產生壓力造成身體不適，那乾脆別投資了！

心冷之後回歸平靜

　　在做投資之前，我養成習慣一定是先做資金控管，將資金的額度做適當的配置，以免再次出現2016年的心冷事件！

　　很快地又迎來了新的大事件契機——美國總統大選。

　　當時是2016年十一月中，也就是心冷事件後的五個月左右，這五個月我痛定思痛，已經補充了很多投資知識，並且小心翼翼地在修正我的投資節奏，這次美國大選來得很巧，正好是我再次試驗自己能力的好機會！

　　我印象很深刻，當時是川普跟希拉蕊在選舉，新聞媒體報導有一派人馬說川普選上股市會崩盤、黃金會大漲，因為川普會引發戰爭XOXO……

　　好了！夠了！（這兩句話是我當時的心理對白）

　　我再也不會被這種煽動性的字眼綁架，我有更多的資訊可以從中驗證，那時候我記得非常清楚，當時選擇權的價格很貴，隱含波動度很高，加上當天是周三又是週選結算日，所以我預期當日的波動會非常劇烈，這種時候可以採用雙買的策略，就是買漲也買跌，只要漲幅或跌幅夠大，另一邊歸零也沒差，可以用賺的這邊去補。

　　比方買漲一萬元的同時買跌一萬，若出現大波動往某一方向暴漲或暴跌，該方向的漲幅可能會是好幾倍，這樣

一來，雖然另一邊是歸零，但賺錢的這邊是用倍數在賺，這種方法有存在一個風險，就是萬一當天沒有波動的話，很可能會兩邊都歸零！

看完我上面的敘述，在對照我的心冷事件虧四萬，很明顯我在美國總統大選這一局，我已經可以把投資策略擬定得很詳細，風險跟投資報酬比都有考量到，最重要的是我有做資金控管，所以我在當天早上開盤時，漲跌兩邊我各買了約500元台幣，總共成本是一千元。

台灣早上九點多剛好是美國正在開選票，選擇權的波動度越來越大，後來新聞媒體報導說，某個具有指標性的洲，開票結果是川普遙遙領先，川普當選機率直接竄上來，這時候指數突然跌了一大根，大概有三百點的幅度，選擇權的賣權價格直接暴漲，我買跌的部位最高衝到了將近一百倍的利潤，能衝到一百倍是因為當天是結算日加上我是買很價外的履約價，盤中很多家的看盤軟體還當機，我記得元大當時也有當機，下單軟體都卡住，因為波動太大了！

盤中我把我的部位賣出，由於指數是暴跌，買漲的部位500元直接歸零，買跌的部位拿回了四萬多元，雖然最高有衝到一百倍，但我盤中掛單只賣到了八十幾倍的價格，這一次我賺錢了，賺到的數目跟我在五個月前賠掉得

差不多，我當下沒有賺錢的喜悅，反而是用很平靜的心態去面對這次的收益，收盤結束時，內心不禁感嘆，原來這就是市場啊～

八十幾倍的報酬率，真的是可遇不可求，這就是利用事件交易加上選對投資工具，在那次川普大選完之後，對於投資我有了更多的心得，那時候我也曾想過，如果川普大選那次是兩邊買一萬元，那八十幾倍的獲利就等於賺八十萬，那為什麼我不買多一點呢？

答案很簡單，那時候的我已經能夠意識到風險跟資金控管的重要性，我很慶幸自己有遇到心冷事件，在那次事件學到寶貴的經驗，人生沒有「早知道」這回事，做交易更是如此，在投資市場上看錯虧錢是很正常的，能否在面對虧損時即時踩剎車，或者早在一開始就把資金分配得宜，讓虧損的額度在一開始就得以控制，這比賺錢還重要！

所以事後我跟親朋好友們談到川普大選事件，我賺到八十幾倍的獲利時，他們一開始也會好奇問：

「怎麼不買多一點？」

我開玩笑地回答：

「早知道有八十幾倍，我就把家裡的房產拿去抵押來買了。」

現在想想當初只敢買一千元是對的，完全不後悔做這個決定，從虧四萬元的心冷事件，到中間五個月的精進修練，五個月後幸運地在美國總統大選事件獲利四萬元，這短短半年的經歷，對我來說真的是大收穫，感謝市場給我這些寶貴的經驗，這是2016年發生的事情，我得再次感謝2016年發生的種種，因為這些經驗，讓我在2017年得以用陸股ETF創造了還不錯的投資收入！

　　（但我依舊是奈米戶）

底部布局——耐心等待行情

在2015年全球股市有出現一波拉回,當時我正在看東森的財經新聞,其中來賓有提到陸股市場的拉回幅度很大,原因有很多,但若從技術面切入來看,就是屬於暴漲之後的下殺,上證指數在2015上半年就漲幅60%左右,下半跌直接跌回起漲點附近幾乎腰斬,跌深後指數進入盤整,所以在2016年的陸股指數是盤整盤,當時我有閱讀一些文章跟看陸股資訊,大概了解中國大陸的股市結構,大方向來看可以分成上證指數跟深圳指數,其中還有一個指數是富時中國A50指數,這有點類似台灣的0050,就是把上證和深圳市場的前50名市值佔比大的個股,根據其股票走勢編列而成的指數,而這個富時中國A50期貨是在新加坡交易所掛牌,也就是說國際的法人或投資人若想投資陸股,他們買中國A50指數期貨會方便很多!

我在2016年除了接觸選擇權以外,也有撥一部分資金投資陸股,當時台股也有連結A50指數相關的ETF,我就開始慢慢底部布局,印象很深刻的是,當時也跟幾位親朋好友推薦陸股ETF,理由是國家指數的週期性會跟著大環境改變,就好像全球股市在降息階段容易上漲,升息初期容易下跌,所以趨勢是滿好判斷的,只是週期性的時間會

拉比較長，A50指數是由市值大的個股組成，中小型個股比較活潑，但這種國營企業、大型權值股的波動就沒那麼大，因此買A50相關的ETF千萬不要期待它短期會暴漲，好比台灣的0050一樣，走勢都跟著大盤，近幾年走勢有爆發性是因為台積電的緣故，畢竟台積電佔了大盤三成的權重，所以買這類的ETF要耐心等待，既然需要時間等待，那資金控管就得做好，若壓重本去投資，可能在上漲階段的小拉回就會受浮動損益影響，心情被影響就會打亂原本擬定的投資策略。

於是我在2016年就陸續買進陸股ETF，這種期貨類的ETF有個缺點就是它不會配息，所以一般常見的說法會是期貨類的ETF或是槓桿型ETF不適合長期持有，因為它不會配息而且還會內扣轉倉成本跟管理費，操作這類型的槓桿ETF最好是等它技術面底部確立，突破區間再去加碼的效率比較高，如果是要底部布局長期持有的，就得挑像0050、0056的現貨類ETF，這種ETF會配息以外，它的成分股也會做汰弱留強，定期更新裡面的個股，就會比較適合在相對低點買進並長期持有。

大概在2016的年底，A50指數走勢有慢慢脫離底部，在2017年初進入新的區間盤整，這時候我就做最後加碼，並買進槓桿型的陸股ETF，然後等待行情能繼續突破上漲，2016一整年的期間，我的生活模式就是白天上班，有

閒錢就丟陸股ETF，平常看盤就是留意國家指數、匯率、黃金、美元等，因為我投資的標的是陸股A50指數，屬於國家大型指數類，這種就沒甚麼財報需要觀察，要用總體經濟的角度去分析，加上K線型態去輔助判斷走勢，一直到了2017年初，確定脫離底部區的型態成型，做最後加碼後我就停買了。

後來的A50走勢在2018年的一月份創波段新高，若從2016年開始算，漲幅大概是50%左右，我在2017年十一月就陸續賣出持股，理由是線型已經來到2015年的壓力區，在接近壓力區我就乾脆陸續賣掉，當時的獲利有70～80%包含後面加碼的槓桿型，這次的報酬率跟川普大選那次的八十倍利潤（8000%）完全不能比，一個是ETF另一個是選擇權，投資工具的差異不同，其風險跟槓桿性也不一樣，不過陸股這波賺錢的經驗，是讓我覺得最舒適且安心的，因為這是我有做資金控管，並且是按部就班依照自己擬定的策略去進行，過程中完全沒有壓力，即便在2016年盤整盤也有出現過拉回，但因為資金控管得宜，所以沒有被浮動損益影響而賣出股票，也正是有了這次踏實的經驗，我找到了一種適合我的投資節奏，那就是**底部布局**！

至於什麼樣的商品或工具適合底部布局呢？

首先景氣循環類股，像是鋼鐵、水泥、原物料等，因為它有一定的週期並隨著物價大環境景氣去波動，所以相對高低點很好判斷，但時間週期長，操作上可以選擇配息穩定的公司以及該領域的龍頭股，水泥的台泥、鋼鐵的中鋼這種，當然若你自己做足功課要挑其他個股也行！

在2022年國際股市出現大拉回，這就是觀察景氣循環股的好機會，尤其升息到了尾聲，美國通膨數據也有趨緩，種種因素就顯示著全球經濟正處於相對低點，依照總體經濟的變化，這招底部布局就可以準備拿出來用了～

浮動損益與已實現損益

　　所謂浮動損益也可以說是未實現損益，假設你股票買入成本一股是400元，目前盤中報價是410元，那你的浮動損益就是+10元，但這並不代表你「賺」10元，要等到你確定賣掉並成交，這筆已實現損益才能算真正賺10元；相對地，如果盤中報價是300元，那你的浮動損益就是-100元，同樣這不代表你虧100元，等到確定以300元賣出成交，你才能算是真的虧損100元。

　　上述所說的情境也適用在其他投資標的，如房價、二手車價等，這個話題很有趣，「當股價下跌時，不賣就沒虧。」這就是在告訴我們，只要不去實現浮動損益，它終究只是浮動損益，許多投資人看完了這句話以後，面對手上持股是虧損時就穩如泰山，反正沒賣就不算虧，**總有一天股價會回來**，於是就放著不管，期待有一天能夠漲回來。

　　如果股價有漲回來自然是最好，但若持續下殺，難道真的什麼事情都不做嗎？

　　各位一定有聽過停損這一詞，而且會有很多投資高手或大神告訴你，停損很重要，要遵守紀律並嚴格控制虧損，股票不賣就沒虧的概念，反而會讓投資人在面對虧損時變得消極，如果你是一位有做功課並研究過個股的投資

人，你知道盤勢可能是短空長多，或是這檔股價雖然下跌，但跌幅並沒有破壞整個多頭結構，你有繼續持有的理由，這樣是最好的！

倘若你對自己的持股研究不多也沒做功課，在面對虧損時，就盡量不要把沒賣就不虧的概念套用在自己身上，因為你沒有一套邏輯去觀察這檔股票，只是用念力或者看運氣會不會讓股價漲回來，這就不太可取，畢竟運氣是沒辦法複製的，這次走運那下次呢？

但投資策略是可以複製並改善的，可以根據大盤或大環境的走勢、價格走勢的線型結構、基本產業面的變化、自身的資金與風險控管，來做出是否需要停損的決定，這種方法無形中就是在訓練你的投資思維！

比起靠運氣來做決定，有邏輯的投資思維才是投資人需要學習的，別的不說，你以為巴菲特投資都靠運氣嗎？他的波克夏公司也是用大數據系統去分析整個市場，鮮少有投資大神是單靠運氣或感覺去做交易，靠運氣這種事在投資理財上還是少做為妙！

前陣子我在瀏覽社群網站時看到一則新聞，大意就是特斯拉大降價，然後早買的車主都覺得買虧了，這波特斯拉降價幅度約9%，折合台幣大概是20萬元的價差，然後就有網紅開始分析這22萬如果拿來吃飯可以吃幾餐、出國玩可以玩幾次等，當然這位網紅是單純發牢騷跟抒發不滿，只是用浮動損益跟已實現損益的角度來看，網紅只要不賣車，就沒有實際虧損的問題，而且退一步來說，就算賣車也是用二手價格去販賣，不管特斯拉有沒有打折，賣二手車的價格都會低於新車，況且特斯拉是電動車不是股票或金融商品，車子有代步的功能，不像股票或債券只能用買賣價差來衡量收益，我也不是要抨擊網紅的文章，只是剛好在談浮動損益相關議題，臨時想到罷了～

其他像是房地產、古董收藏品也是，都會有人把浮動損益當作是實際盈虧，好比說各位住在家裡的房子，假設當初買一坪30萬元，以自住為主並沒有打算出售，時隔三年後，家裡隔壁鄰居賣給新屋主一坪45萬元成交賣出，那麼這件事情跟你們家裡的房價有關係嗎？

或許大家心裡會想，這不等於是變相一坪賺了15萬嗎？

一坪賺15萬只能說是估值，除非你們也用一坪45萬元賣掉，不然這到底只是估值，實際上來說，在確定賣出成

交前不能算是有賺到的！

如果隔壁鄰居賣出的價格不是一坪45萬元，而是一坪20萬元，這種情況難道要說你們家一坪虧了10萬元嗎？

這當然不能算虧，除了還沒有賣房成交確定虧損以外，重點是當初買房的需求是自住，所以要思考的點是，既然你當初買房的需求是自住用，你所考慮的應該是生活環境、格局大小以及住起來適不適應，自住的需求不能用房價的波動來衡量，就好比購買投資用的房產，也許考慮的不是自己的生活需求，而是得判斷未來房價是否會上漲，評估地段、屋齡、交通地理位置等。

給計畫買房的朋友一些小建議，房地產不是股票，它能解決住的需求，所以評估上盡量別只是用價格來衡量，雖然現在房價真可怕，在購買前要真的清楚自己買房的目的，這樣規劃財務上也會輕鬆許多，比較不會被其他因素干擾，假設主要需求是結婚自住，那就別考慮後續是否房價會上漲，找個離夫妻雙方上班近的地點，或是托兒生活上便利的地段，這才符合對應的需求！

畢竟買了結婚自住的房子，短期內也不會因為價格波動而賣出吧？想想看搬家跟適應新環境的成本，自住需求的購屋者，就真的別考慮要在短期內靠房產賺取利潤！

各位不覺得以上的觀念似曾相似？

存股跟做短線不也是一樣的道理？

到頭來核心的理念就是——**你得知道自己要的是什麼！**

要長期存股就有長期存股要思考的點，想要做短線的事件型交易，就得針對特定事件去找相關投資標的跟工具，套用在買房也是，投資客出租用或是自住家庭用所要思考的點都不一樣，倘若三心二意到頭來只會讓自己陷入抑鬱！

買了長期存股標的卻因短線波動而亂了陣腳，明明只是想針對股東會事件去做短線抄底，結果凹單不停損還騙自己說可以長期投資；買了自住家庭用的房屋，卻整天掛念周遭房價為何沒有上漲，當你搞錯了你應該煩惱的事情，釐不清問題的癥結點，那就是自己給自己找麻煩。

投資理財真的是一趟尋找自我的路，然後以我的資產財富只能算是奈米戶，所以這本書就是奈米戶尋找奈米戶的路，奈米戶之路。（好像有點繞口）

奈米尸致謝

　　我從大學畢業後就開始接觸投資理財，至今總共經過了七年多的時間，這一路上真的碰到很多貴人跟前輩們，我能對投資理財保有熱忱，除了自己本身的喜好以外，貴人跟前輩們的提點與幫助，也是我能繼續走下去的動力！

　　以下我會按照時間順序並分成四個時期，介紹一下我在這四個時期所遇到的「人」，闡述他們幫了我什麼忙，順便藉此感謝他們！

一、畢業後的第一年——感謝李大哥

我在大學求學時期曾經在寶雅當過實習生，在實習的門市認識了李大哥，當時同事們偶爾會聊到投資股票的話題，李大哥也會跟我分享一些觀念，只不過那時候我還是大學生，並沒有非常認真地想要學習投資股票，畢竟身上也沒有閒錢可以去投資，直到我畢業後的第一年，開始有了些奈米等級的積蓄，想要投入一部分的積蓄作為投資用，於是我就聯絡了李大哥，想向他請益些投資理財的問題，李大哥非常爽快地就答應了！

見面後李大哥跟我分享了他的投資經驗，並提到他有做海外期貨交易，也分享了他常搭配的技術指標，包含了MACD、KD，以及遇到重大事件的交易會如何布局，不過李大哥卻建議我別往專職交易這條路走，因為專職交易得盯盤且要有足夠的本金才能撐下去，對於我一個剛畢業的社會新鮮人來說，本金也還沒累積到一定的程度，況且我白天還有正職要做，在有本業收入的前提下，就不用去想專職交易，李大哥是過來人，他深知專職交易會面對到的風險，與其說專職交易會遇到的市場價格波動風險，更多的是要戰勝自己的心魔，專職交易跟中長期投資的節奏天差地遠，他們每天都要想辦法活下去，在沒有其他收入的情況下，唯一的收入是來自投資交易，然而投資期貨或

股票也好，失敗是常有的事，這過程中誰能把虧損控制得宜，才有活下來的可能，但市場上很多專職投資人會過不了自己的心魔，在虧損時迷失自己導致操作失誤，又或者在獲利時未能即時出場，導致抱上去又抱下來，這些過程是很難熬的。

很感謝李大哥跟我分享這些心路歷程，他也建議我可以往研究股票基本面去走，這樣也能順便分析產業面，更重要的是，他認為這種投資節奏比較適合我這樣的投資人，白天就上班，晚上可以做盤後研究，甚至也可以趁大環境升降息循環時，專看0050跟0056這種績優股跟高股息概念股，李大哥講述的這些我都有記起來，雖然當時我是想要學習短線交易才去詢問他，但李大哥的肺腑之言確實讓我重新思考自己的投資節奏！

我還是有去嘗試做短線交易，只是我的資金控管就控很嚴，工具就用選擇權，偶爾小買來印證自己對於當前盤面的看法是否有誤，再次感謝李大哥，若沒有他慷慨地分享自身經驗，也許我會對期權交易能賺大錢、翻倍上漲的誘惑，有著錯誤認知，就像前面說的，剛開始無經驗投資人，常常會被誇大的廣告或不實的資訊吸引，以為做專職交易都是輕輕鬆鬆地滑鼠點兩下、手機按兩下就有大把鈔票入袋，殊不知很多頂尖交易員都是用心血去換來這些成

果，要真這麼好賺，還用得著教你們？再次感謝李大哥的
指點！

VIII. 奈米戶致謝

二、尼克同學的鼎力相助――感謝尼克

前面提到我大學實習階段遇到的李大哥，在當時我也去開了證券戶，但直到大學畢業後的第一年，才開始有認真地去研究投資理財，其中投資工具除了股票以外，我還接觸了期貨與選擇權，當時在某H金控公司開立期貨戶，我記得很清楚營業員告訴我，我的小台跟選擇權手續費一口是77元，也就說我買賣一筆小台或選擇權，我得付出154元的手續費，還不包含交易稅！

對於有在交易期貨跟選擇權的投資人來說，手續費是很大的成本，如果是玩周選或是小台當沖的投資人，買賣次數跟口數多的情況下，獲利很有可能會被手續費吃掉。

尼克同學是我高中的同班同學，雖然高中畢業後就很少聯絡，但隨著網路科技和社群媒體興起，即便是少聯絡的同學，我也能透過從他們的日常貼文得知大家的生活近況，正當我從某H公司開完期貨戶大概不到一個月，我看到尼克同學有在分享期貨跟選擇權的教學影片，一問之下才知道，原來尼克畢業後從事金融相關行業，並在期貨商擔任營業員，我跟他訴說了我也有在研究投資理財後，我們很快就聊了起來，並且誠摯邀情我去當他的客戶，由於他任職的公司是期貨商，所以期權的手續費會比金控公司來的低，在他那下單我一口小台跟選擇權的手續費只要25

元，對比先前的77元，這真的是省超多交易成本！

　　轉到尼克這下單後，我們經常會聊當日的台股大盤走勢，也會談論很多投資相關議題，為此我們還創了一個line群組叫做Trading room，起初只有我跟尼克，後來慢慢加入些有在投資或想研究台股的朋友們，這個群組我沒記錯的話應該是2016年就有了，也正是我遇到心冷事件跟美國總統大選那時，沒想到至今已經2023年群組還健在，想想真是有趣！

　　我跟尼克在初期還會一起去咖啡廳下單，雖然我們都是下奈米單，金額都是六位數以內，但過程中真的很有趣，有個可以討論交易心得跟分享財經資訊的對象，在操作投資上就不會感到無聊，甚至有次我同時還找來了李大哥跟尼克，我們三人一起在咖啡廳聊海外期貨交易，互相分享心得，雖然只是奈米戶，但儀式感還是要有的，雖然交易的金額很奈米，但整個感覺就很像參與到了市場行情，我們都不是局外人而是當局者，只是錢少了點罷了～

　　後來尼克同學北漂去進修，真的很恭喜他往更上一層邁進，居然到了台北期貨總公司任職，當時的我已經有回大學母校辦過一場演講，過程中我跟尼克偶爾會保持聯絡，我跟尼克商量說，若他們公司能有場地能舉辦演講，我也可以去辦個北部的投資講座，他可以邀請在台北的客戶，大家一起交流心得，尼克很爽快就答應了，還幫我找

了場地跟弄好設備，多虧尼克的鼎力相助，我多了一個北部演講的經歷可以拿出來說嘴～

　　後來的尼克在金融行業一展長才，不管是期貨營業員還是理專，他都常被獵頭公司挖角，可說是經歷豐富的戰將，近期跟他說我想出書的計畫，還拜託他替我寫個序，尼克也爽快地答應了！在前期若沒有尼克的幫忙，我在期權方面的知識會累積的很慢，也許就不會對投資這麼地有熱忱，感謝尼克！

三、阿 J 的熱情邀約——感謝阿 J

上一篇講完我跟尼克的際遇，中間有談到尼克北漂進修，與此同時他換了間期貨公司，所以意味著我若要在尼克那下單，我也得跟著去他新公司開戶，不過尼克是在台北總公司，當時我在南部開戶很不方便，於是就用委託開戶的方式，尼克跟公司申請並請我去南部的據點開戶，這樣一來南部據點就會幫忙把資料送到台北去，所以我在南部開戶一樣可以掛尼克為營業員，當時我只有開立期貨戶，而這間券商本身還有經營證券業，我在南部開戶的過程中認識了阿 J，他是南部據點的營業員，來幫我處理開戶手續事宜，阿 J 人很熱心，我們大概聊了些期權方面的話題後，阿 J 表示他自己有在舉辦相關課程，對象是他的客戶，有些客戶對期權交易不熟或不懂的地方，阿 J 會利用下班時間在公司開課教導，當然課程是完全不收費，從這裡就可以看得出阿 J 對交易有一定的熱忱，並且對客戶很負責任，於是我就乾脆證券戶也開一開，順便幫阿 J 多一個開戶數。

隨後我就經常參加阿 J 的課程，課程內容是針對期權籌碼面的分析，在還沒去課程之前，我以為我對選擇權算有點熟了，畢竟才剛經歷過心冷事件，但當時還沒經歷川普大選事件，我印象很深刻，阿 J 在台上問了一個問題：

VIII. 奈米戶致謝

「請問大盤下跌的相反是甚麼？」我當時不疑有他，想著答案不就是「上漲」嗎？

結果阿 J 說是「看不跌」，我這時突然茅塞頓開，一整個頓悟的感覺！

所謂的看不跌也可以說是很難跌、不太會跌，也就是支撐的概念。

所謂的看不漲也可以說是很難漲、不太會漲，也就是壓力的概念。

股票跟期權是不同的工具，一般公司個股沒有所謂的到期日跟時間價值，你買一張台積電除非它下市，否則你只要不賣就不會實現虧損，但期權不一樣，期權有到期日，只要合約期限到就會被強制平倉，因此假設**我買了一口週選call看漲的買權**，一週後會結算，萬一這週走勢不如預期，大盤下跌了我這筆單就很可能會虧損，那如果大盤是上漲呢？

上漲我不一定會賺錢，比方上漲的幅度不夠、上漲的時間太慢，這些都會被時間價值吃掉，所以選擇權的策略非常多元，因為它要考慮的東西很多，漲太慢或漲不夠兇猛，即使看對方向也不一定能賺錢，這是很基礎的選擇權觀念，我在阿 J 的課程中又加強了基礎觀念，對於盤勢的解讀也多了不一樣的思維。

這也能套用在股票型態上，當股票進入盤整盤時，它只是在區間內做上下震盪，變成到了某個高檔區上不去、到了低檔區就很難跌，在判斷趨勢是否成立前，盤整盤很有可能會磨掉很多人的耐心，此外阿 J 也有補充關於股票籌碼面的判別指標，由於他是業內人員，所以知道融資融券與借券的實際運作，對於遊戲規則越清楚，越可以從裡面發現一些端倪，包含嘎空、斷頭下殺、借券賣出空方壓力等，阿 J 都解釋得相當清楚，不只如此，連我去跟他請益金融業的工作內容，詢問營業員的職場生態，阿 J 也願意分享他的心路歷程以及職涯規劃，再次感謝阿 J 的幫忙，充實了我的投資之路！

VIII. 奈米戶致謝

四、ＨＹ先生的產業分析——感謝ＨＹ先生

　　ＨＹ先生是我國小的同班同學，上半章也有提到他聯電的故事，我們也一直是很要好的死黨，國小到現在都還有保持聯絡，但真正有在談投資話題是近幾年的事情，由於ＨＹ先生是從事高科技業相關工作，像是半導體、IC概念股、封測等，這類都屬於台灣經濟的命脈，然而光是半導體產業就又能細分很多種類型，可以分成上中下游產業鏈，也有橫向的協力廠商等，對於我來說，我對這塊產業完全不熟，用看盤軟體查詢你會發現它把台積電、聯發科、聯詠、聯電等都歸類在半導體產業，然而經過ＨＹ先生的指點後，我才知道台積電跟聯發科實際本業是差異很大，一個是晶圓代工另一個是IC設計，雖然通稱都是半導體業，但本質上完全不同，既然完全不同，那股價的走勢跟未來的趨勢一定也不同，這時候對於產業的瞭解程度就很重要。

　　好比說我大學是念商業相關科系，從看盤軟體的分類來看，它們會把寶雅、全家、統一超、遠百等稱為通路概念股，但實際上超商跟百貨公司是完全不同的業態，業態不一樣它們的毛利率跟財報就不能一起比較，科技業也是如此！

於是我就向ＨＹ先生請益半導體產業跟科技產業的種類，不得不說，真的是隔行如隔山，我在請益之前雖然有上網查了資料，但還是不如HY先生親自解說，首先台積電屬於晶圓代工，所以顧名思義它是拿晶圓來做加工處理，那這裡就會產生第一個問題，就是誰負責提供晶圓原物料呢？

ＨＹ先生就幫我列了幾間公司，比如中美晶、合晶等，這些是屬於上游提供原物料的，從事晶圓加工的公司比如台積電、聯電，以及負責整個設計概念的IC設計圖相關業務，像是聯發科、聯詠等，其他還有更下游進行封裝測試，然後銷售端有哪些公司，ＨＹ先生真的是講述非常詳細而且是淺顯易懂！

一直以來我買賣的股票都以原物料概念股、大宗商品或國家指數ETF為主，其它公司個股也都以大學認識到的品牌為主，在科技業這塊真的是很陌生，幸好有ＨＹ先生的產業分析，幾乎是把台灣科技業的權值股都分析了一輪！

有了ＨＹ先生的講解後，我後來就按照他所說分類排了自選股列表，果不其然，在2020年那一波上漲中，產業類股輪動的個股超明顯，真的是整個族群在輪動，當你知道整個產業正在輪動時，若有基本面的產業分析當後盾，那挑個股投資就可以事半功倍！

VIII. 奈米戶致謝

　　就算投資沒有獲利，最起碼你不是靠運氣在投資，而是先有了一番研究跟分析後，才讓市場證明自己的對錯，雖然說科技股普遍都高價股，對於奈米戶來說很難買整張，但自從有了盤中零股制度，對奈米戶真的是超友善，高價股就可以透過零股的方式參與投資。

　　感謝ＨＹ先生的分析，雖然說聽起來這些分析好像沒甚麼，但要找到朋友願意分享這些內容，不辭辛勞地費盡唇舌指點我這門外漢，真的受益匪淺，也正是有ＨＹ先生的後盾，至少我知道他們這些科技公司的業務範疇，再配合我本身學的技術與籌碼分析，在投資選股上就能安心地選些科技股！

五、同班十年的機率

投資股票是賺錢的機率高、還是賠錢的機率高？

買到飆股的機率跟中樂透的機率給人印象感覺很低，事實上從期望值的角度來看，正因為低機率才可能有著高報酬。那麼跟一個同學從國中到大學都同班，這種事情發生的機率又會是多少呢？

以下是真人真事，我與一位Y同學從國中到大學都同班，先聲明，我們並沒有串通好，況且我這年代是九年義務教育，所以高中跟大學是要透過全國考試去分配學校，我跟Y同學的成績分布算差不多，科目分數各有千秋，但總體來說他的平均成績比我好一點，國中三年我們同班開始算的話，國中有二十五個班，所以同班機率是二十五分之一，到了高中學測時，我們的成績PR值也很相近，約有三～四個學校是我們可能會成功錄取上的，這時候高中同校的機率大概是四分之一。後來分發學校名單公布，我們是在同一間高中，而這間高中一年級的班級有約十六班，所以同班的機率是十六分之一。

由於我們都是唸綜合高中，到了高二會選職業學程再次分班，我跟Y同學都選了資訊商科類，而資訊商科類有兩班，所以同班的機率會是二分之一。

接下來是比較扯的部分，連我自己都覺得很扯，因為

VIII. 奈米戶致謝

大學的類別是非常廣泛的，即便我們都是商業類群，但光是學校就遍布整個北中南，我跟Y同學當時還開玩笑說，終於要分班了，能同班六年也算奇蹟了，殊不知……

前面有提到我跟Y同學的成績分數很相近，這次大學統測的成績也是，他的成績比我多十分左右，我們仍然是在差不多的PR值，這時候我們各自準備備審資料並推甄學校，備審大概投了三～五間，但我們重複的有高科跟雲科，隨後我跟Y同學都在高科收到錄取通知，其實到這邊我已經不曉得該怎麼算機率了，光是大學要同校就有點難，何況接下來還有科系要分，後來我們都錄取了高科行銷系，這邊就粗估機率是五分之一好了，就簡單算學校跟科系的話，然而高科行銷系有分兩班，當時我跟Y同學就討論著，這次還能同班真的是見鬼了，同大學又同科系，分兩班還可以同班……

結果出爐還真的同班！

於是我把機率統整一下，國中部分是1/25，高中的部分是1/15還有分學程的1/2，大學學校1/5跟科系班別1/2，算出來大概是0.013%，比申購股票的中籤率還低！

跟Y同學一起同班十年的事情都讓我遇上了，想想真的是不可思議，這也說明為什麼我在投資理財這麼謹慎，老是把風險擺在第一位，因為我人生中有出現這種超低機

率的事件，我很擔心假設買了台積電，會不會台積電就因此下市!?

　　或許各位會說：「唉呦～台積電下市的機率很低拉。」

　　拜託別跟我開玩笑，0.013%的事情都讓我遇上了，何況這只是粗估的機率，我還有學校跟地區還沒算進去，我看我還是做好資金控管，以免遇到意外！

　　能同班十年真的太狂了，解鎖人生的成就，而這成就可不是想拿就能拿到的～

六、研究投資市場的同好們——感謝你們

除了上述幾位貴人朋友外，還有些親朋好友也會和我談論投資理財的話題，比如我大學室友A先生，他本身有在研究虛擬貨幣市場，在元宇宙話題之前，我也曾向他請益過虛擬貨幣市場該如何操作，感謝他也不厭其煩地教我開戶跟下單流程，虛擬貨幣在國外的交易風氣很旺盛，甚至不少大戶跟企業家紛紛投入這塊領域，後來的NFT也是從這裡為延伸，我也藉著A先生的幫助下，用一小部分的資金買了以太幣，但當時買在相對高點，最後是停損出場～

虛擬貨幣可以看成是投機市場，投機一詞並不是負面，比較好的解釋是，投機市場的波動會比較活潑，漲跌震幅大！

投機市場可以用來判斷資金目前流向，好比說虛擬貨幣市場的熱錢流出時，觀察美元跟實體黃金的價格是否有跟著波動，藉此判斷市場熱錢是往投機市場流入還是往相對穩定的大宗商品流入，一般常見的穩定市場像是美元、債券、黃金這種，投機市場像是虛擬貨幣、有夢想的題材股。

升息循環時，熱錢通常會從股市以及投機市場撤出，轉而流向美元或各國銀行；降息循環時，熱錢會比較願意

往高波動的投機市場走，比方股市或是虛擬貨幣市場，所以稍微了解一下虛擬貨幣市場是好事，畢竟它的熱錢流量也不容小覷，資金轉移的過程中，往往就能發掘投資機會！

另外前面提到我跟尼克當初建立的line群組Trading room，也感謝裡面的成員陪著我一起喇低賽，雖然討論的頻率沒有很高，大多是在有特定事件或是每個月的期貨結算，大概討論盤勢內容跟閒聊，有這群組的好處就是保持一個觀察市場的習慣，即便沒有要投資的朋友，也可以加減對當前市場資訊有一定的了解。

還有些沒提到的朋友們，這七年來大小事太多了，若沒提到還請見諒，最後當然不免俗的要感謝家人，我的家人他們都把自己的生活打理得很好，所以我倒不用去負擔家計之類的開銷，這點對於奈米戶來說真的是很大的幫助，有些投資人可能因為家境或生活條件關係，實在沒辦法騰出時間或積攢閒錢投資，我算是相當幸運的奈米戶，還可以有點積蓄做奈米等級的投資。

正如我開頭所提的，其實談論投資理財也不一定要真的砸錢投資，讀者們可以當作是在聊星座、旅遊，並不是要多有錢才有資格討論，投資市場是由眾多投資人集結而

成，說玄一點就是人性，也有其他書籍是從心理學的角度來探討投資理財，其內容也著實有趣，只要你對金融市場或投資理財有興趣，在動用資金投資前，不管從哪個點切入討論都可以。

　　但是！一旦你決定要花錢去投資商品，請務必做好功課並搞清楚遊戲規則，真的砸錢下去跟高談闊論不同，單純談論投資理財雖是紙上談兵，但卻無傷大雅，若砸錢下去就得戰戰兢兢去面對，畢竟你將有機會面臨虧損，投資前務必要做好資金控管和心理建設！

奈米尸歷程

　　本篇章我將用自身的經驗給剛接觸投資理財的新人們建議，若讀者們是屬於完全沒有投資經驗的投資人，可以參考以下的學習進程，若你已經是有自己策略並經驗老道的投資人，這個篇章你可以當作看故事就好，這篇章前提是假設各位是有本業收入的非專職投資人，只是利用閒暇時間做投資看盤，或是單純想研究投資理財的社會新鮮人，以下是我這位奈米戶的經驗談。

多看、多聽、少操作

現在網路社群媒體非常發達，甚至可以用氾濫來形容，所以資訊傳遞上會產生很多雜音，包含詐騙或是不實訊息等，剛進股市或想研究投資的朋友，我會建議多看多聽然後少操作，一方面先累積自己的積蓄外，另一面你得先接觸各種不同面向的投資資訊，才能從中找到你自己認同的人事物，我這本書就是其中一種能切入學習投資的工具，上半章節提到的技術面、籌碼面等，這些都是可以研究的方向，下半章節提到的心路歷程篇，即便你剛開始沒有砸錢投資，你也要認真地解讀別人的故事。

為什麼我這七年來沒有遇過過鉅額虧損？

~~因為我錢不夠，我是奈米戶。~~

原因是我從別人身上看到太多失敗案例，不管是大戶、法人、散戶，資金控管沒做好就直接抬出去，所以我潛意識裡絕對不會用壓重本去投資，當然別人的故事也包含成功案例，用融資槓桿操作然後賺大錢的案例也有，但我自覺我是一個沒啥運氣的人，這種好康事是不會發生在我身上，與其去冒高風險壓重注，我寧願慢慢累積先求活命再求利益，所以初期建議各位**多看多聽少操作**，累積積蓄先讓自己有閒錢，生活穩定再來想投資的事情，我知道

坊間有很多鼓吹投資要趁早，越早越好才能有複利的效果，甚麼一年穩定有個5～8%，比別人早5年投資的人，賺到的財富是○○倍，這種聳動的標題各位要有判斷能力！

從經濟學的角度來看，

只要高於無風險利率的報酬率，必定存在風險！

台灣銀行普遍定存1％上下，你說要找到一年穩定5～8%報酬率的投資商品，然後沒有任何風險，這簡直鬼扯蛋！

如果有個商品是可以5～8%報酬率且價格穩定沒風險，那銀行早就全包，也許利差後還能給你3%定存利率，這種很簡單的邏輯大家往往會忽略，投資報酬率要穩定且產生複利效應，這是非常難做到的事情，金融市場跟景氣循環隨時都在變化，你沒有認真研究跟即時調整投資策略，就妄想要穩定收益，這是很危險的想法！

趁早投資成功的案例確實存在，趁早投資卻慘敗的案例也找得到一狗票，在投資市場裡，高手大戶們都是想著控制風險跟虧損，一不小心就會被市場修理，越早投資越好是建立在已經有充分的知識前提下，不是越早進場就能越早獲利，這點分享給各位！

多看、多聽、多操作

　　這個時期的投資朋友，也許你有了些閒錢，但不知道該如何下手，這時候如果你選的是以操作股票為主，善用盤中零股制度，將你的資金控管做好為前提，可以嘗試操作不同風格的股票，好比景氣循環股、當前強勢股、長期股息存股等，這階段的你可以嘗試學以致用，把你在書上或媒體學到的知識拿來運用，驗證看看自己的看法能否帶來獲利，藉由實戰的過程中累積經驗！

　　這時候你會面臨到的很多心理層面的問題，比方說明明各項指標是偏多，但買了之後卻遇到股價拉回，這時候該持有還是停損？

　　或者買了長期存股標的，但隔壁鄰居或同學朋友買的強勢股大賺，這時候該相信自己的策略繼續存股，還是應該跟著追強勢股做短線，又或者你兩種都想嘗試，那資金比例該怎麼分配？

　　說穿了，這階段就是在**尋找自我**，做投資或交易就是一趟尋找自我之旅，說得就是這階段的投資人，有些投資人可能頓悟，發現自己買大盤ETF就好、有些投資人發現追強勢股的勝率高、有些乾脆只買龍頭產業股、有些可能選擇其它投資工具，甚至有些投資人這時候發現本業收入更重要，像是本身有創業的投資人，也許研究後發現，不

如把時間花在本業研究上，效益還比研究股票高！

我有位高中同學林董，現在是自己創業養蛋雞，他的年收很驚人，但同時每個月飼料錢跟養雞的開銷也很大，常常需要一大筆周轉金在嘎，因此他的工作壓力非常大，林董偶爾會跟我聊些投資理財話題，但以他的狀況來說，他花同樣的時間專注在本業上所帶來的收入，遠勝過投資股票，每個人的生活模式不同，林董找我聊股票也並非是要砸大錢投資，單純就是朋友間聊投資話題而已，他光應付養雞就焦頭爛額了，實在沒必要再花時間研究股票。

投資跟交易是一趟尋找自我之旅，有時候退出市場也是一種選項，並不是要死守在股票市場，生活中除了投資理財，還有非常多的事情值得去探討，只是世俗的眼光會認為，透過投資理財能輕鬆賺取財富，每個人都想用錢去滾錢，說白了，這些世俗人喜歡的不是研究投資理財，而是喜歡錢！雖然我也喜歡

既然是喜歡錢，那就更要明白賺錢的道路絕非只有投資金融商品這一條，做業務類的工作或是頂尖科技產業也可以創造高收入，或是當個創業家，有自己的事業發展也可以創造高收入，但你我都知道，不管是做業務還是創業，舉凡想要有高收入就得要有相對付出，天下沒有白吃

的午餐！

　　既然明白這道理，那一定能明白，投資理財也沒有白吃的午餐，無腦投資或什麼懶人投資就想賺高收入簡直笑話～

　　當作噱頭標題還可以，千萬別信！

　　多看多聽多操作，然後找到自己生活節奏，取捨自己的投資策略，遠離市場也是一種策略，我特別提這點不是在勸退大家別投資，只是大多數投資人都忘記一件是，退出或遠離市場也是策略的一種，並不需要逼自己做不喜歡的事，尋找自我之旅也是在尋找自己不適合的東西，找到之後汰除它，才能讓接下來的生活過得更好～

少看、少聽、偶爾操作

　　到了這個階段，如本篇章開頭所提，我假設各位不是專職投資人，專職投資人就不是這樣的投資節奏，這裡談的是有本業收入的投資人，需要分配時間來研究投資理財的奈米戶，經過前面兩個階段，現在你應該可以大概知道自己的投資節奏，並不需要在盤中緊盯盤勢變化，這階段你的總是先把資金控管跟風險控制擺在第一位，對於市場上漫天的資訊，你大概可以知道自己要研究是哪些，甚至你完全可以等一個景氣循環訊號在進場投資，平時不太需要花很多時間在看盤上，尤其**不要在盤中看盤**！

　　我身邊有幾位朋友同學，他們一開始小玩當沖會有個習慣，大家都會討論市場盤勢或今天的大盤狀況，這時候若有朋友在盤中向我問了個股的走勢，

　　比方隨口問了：「欸，你看台積電今天如何？」

　　其實我當下完全無法回答他，畢竟我不是做當沖的，當日的走勢我完全不重視，況且假設是專職做當沖的，人家也老早就安排好策略，在盤前就規劃好今天的進出場節奏，好比說大盤開高，觀察的個股也開高，這時候應該要〇〇〇；或是大盤開高後下殺，個股卻是開低逐漸走高，這時候可能採取〇〇〇。

這些都是盤前會事先規劃好的，盤中再來想可能會來不及，除非你就是該檔股票的主力，你自己清楚股價想要怎麼操作，否則對於瞬息萬變的走勢變化，這些功課盡可能是在盤前或收盤後就要整理好！雖然很多高手會在盤中去考慮追價或砍倉，但人家是高手，是從無數次經驗累積而來的盤感，對於一般上班族或奈米戶而言，這不是適合你的投資節奏！

少看少聽偶爾操作，這是因為你已經大概掌握到自己要的是什麼，對於該挑什麼樣的個股來對應你的投資策略，已經有完整一套自己的邏輯，加上很多規畫是在盤後就已經做好準備，於是你只要等待時機到來，做好資金控管並交易下單，剩下的時間就是等待行情會如何變化，若是長期存股投資，那麼這段等待的時間可能會很久，多出來的時間就可以去做別的安排，看你是要運動、處理上班業務、陪家人朋友吃飯等，就不用時時刻刻去看盤，比如這波2022年末的全球股市拉回，加上升息跟通貨膨脹到了尾聲，這就是一個景氣循環的點位，這段時間可以整理資訊並準備進場，買了之後就是偶爾觀察即可，畢竟你周期是拉景氣循環來看，做長線的周期就不太需要是在意當日的走勢。

少看少聽並不是要你停止學習，而是在前兩個階段

後，你大概可以分辨哪些資訊對你自己的交易是無用的，社群媒體炒作的話題、新聞的誇大不實，你已經能自行辯證，我都會鼓勵親朋好友，研究投資理財固然有趣，但很多時候做波段或長線交易都是在等待，等待行情的到來，這段時間就能拿來做很多事情，培養興趣或是做自己想嘗試的事物。

　　交易是一趟尋找自我的旅程，市場永遠都在那裡，行情永遠都有高低起伏，每個階段都有能投資的標的商品，所以別太執著在投資市場要大賺，有本業收入你的，更多時候要健全自己的人格，活得開心比較重要～

自己的生活能自己掌握——心靈自由

　　上面這三個階段是我個人的經驗談，可以讓大家參考，接著來跟大家談談關於**財富自由**這四個字，相信接觸投資理財的人對這四個字不陌生，應該這樣講，曾幾何時，這四個字好像變成大家活著的唯一目標，應該說社會觀感把財富自由捧成人生的里程碑，但我的經驗告訴我，財富自由還不如心靈或精神上的自由，原因為何？你可以在社會上看到許多抑鬱或憂鬱的人，他們難道是因為沒錢才產生情緒上的困擾嗎？

　　或許有一部分是，但並不全然是！

　　我在這篇章前面有提到一位我的高中同學林董，他是創業做養雞場的老闆，從他創業初期用小額貸款去租了一個雞場，到現在他已經有兩個雞場並聘請多名員工，他的年收達八位數，這樣的老闆董ㄟ等級，算得上財富自由吧！

　　可是他卻需要吃抗憂鬱的藥在過日子，他寧願睡在雞場那種惡劣的環境，也不想說花點小錢對自己好一點，你說他是缺錢才憂鬱嗎？人家年收入八位數！

　　或許是因為他的創業之路很坎坷，漸漸地他的身心靈上出現了變化，不敢對自己太好，還懷著一顆戰戰兢兢的

心在經營事業，林董對員工也是相當照顧，薪資都比同業給的優渥非常多，這要是換做其他黑心老闆，也許每天花天酒地開名車了。

我並不是要詆毀林董或是對他說教，而是林董的案例讓我思考很多事情，也許追求財富自由這件事，並不該是大家追求的最終目標，身邊就有林董血淋淋的案例，老實講要我去承受這種創業壓力，我還真不知道能不能挺得住！

我只知道看到林董這樣年收八位數的大戶，在知道他的處境後，我並不會羨慕他，正因為知道他的遭遇，每個人其實要面對的難題都不同，不能只看表面數字去斷定一個人過得好不好，林董若有看這到篇，我這奈米戶是建議你，對自己好一點吧，人生苦短偶爾要自己享樂，要真的想訴苦就辦個同學會吧!?

財富自由對於腦波弱的人來說可能會是一種枷鎖，像我這種被市場修理過的奈米戶，財富自由根本就是個假議題，今天讓各位你存款多了六千萬元，你們會拿去做甚麼事情？投資股票、買房再用錢滾錢嗎？到底要多少錢才能心安？

財富自由的標準其實是隨著心靈自由去浮動，每個人都不一樣的，在還沒找到自己想要的狀態以前，或許會認為財富是唯一的出路，也正因此許多詐騙集團從這個角度

去切入，往往能擊中要點！

　　但若仔細想想，被財富困擾的人一定不只少數人，從普遍認為的大學畢業就踏入社會來算，20歲左右進入職場，假設65歲退休，最起碼要工作四十幾年！

　　這個論點我是從一位鹽酥雞店老闆得知的，記得那年我大三準備要參加學校實習面試，在楠梓火車站附近有間鹽酥雞店是我常去買消夜的地方，跟老闆也都會小聊，也跟他聊到實習面試的事情，他就侃侃而談地說，他準備要把這間店收起來了。

　　我問他：「難道你經營這間店不開心嗎？」

　　他理所當然地回：「當然不開心啊！」

　　我說但你平常看起來都很幽默，聊天談吐也很有趣，還真不像不開心的樣子，老闆接著提到，他是開了店之後才發現不是他要的生活，每天要忙著備料、打理人事物，很快就感到膩了，在做這個之前他也在王品集團待過，他說他接下來要貸款出國去遊學，我聽到這個愣了一下，出國貸款遊學不是要很多錢嗎？

　　老闆預計可能要花個兩百萬左右，回來應該是負債累累，我當時還只是大學生，不明白那種感覺，為何已知後果是負債，老闆還要幹這種傻事？

　　老闆跟我說：「賺錢是一輩子都在賺，既然如此，我

IX. 奈米戶歷程

乾脆體驗完人生再來慢慢還，反正社畜也不是只有我一個。」

現在回想起當初鹽酥雞店老闆所談的內容，人家負債反而開心，他找到他的目標，正確來說是**他的生活能自己掌握**，這其實對於多數人來說是一種奢求或是一種境界，本來很想說鹽酥雞店老闆是不缺錢才能達成這樣，但想想也不對，他都已經負債了，這當然不能稱為財富自由吧!?

可是他卻看起來像財富自由，那這很簡單，他的心靈是自由的，他追求的不是資產跟負債的數字，他更想要的是去遊學、體驗人生，正因為這點，讓他看起來像是活成財富自由的模樣！

當然啦，雖然我個人覺得心靈自由比財富自由更重要，但這前提得看你的生活狀態決定，我前面舉的例子是能賺錢養自己的社畜，倘若是學生還需要依賴長輩資金援助，就得有所取捨，畢竟像鹽酥雞店老闆的負債，他是自己會償還，追求自己心中目標的成本，老闆會自己承擔，但學生族群就很難，拿長輩的援助加減都要看人臉色，也不可以把這些追求自由或心中的理想的成本，讓長輩承擔，自己做的後果要自行承擔，這跟投資的道理一樣！

從林董跟鹽酥雞店老闆兩位的例子來看，不曉得各位會怎麼取捨？

若依照我的觀察，這兩位都是我的榜樣，一位是跟我同年就已經達到財富自由；一位是年齡長我幾歲的前輩達成心靈自由，大家都有各自的難題要面對，取捨之間沒有對錯可言，因為他們選擇後的結果，無論好壞都是自己承擔，如果說取捨有分對錯的話，那就是選擇後的結果會去影響到他人的生活，好比說某國高中學生堅持要出國遊學，家裡經濟無法負擔，爸媽貸款讓孩子出國，這種預先把成本轉嫁到他人身上，難免會讓人分析其中利弊，至於像是林董或鹽酥雞店老闆，他們都是自己對自己負責，這是相當可取之處！

　　談到對自己負責讓我想到一件趣事，已故的立法委員李敖，他在當選立委後要就任時，在就職典禮上立委按照形式都會向國父行宣誓禮，但唯獨李敖他拿了自己的畫像，他向自己的照片行宣誓禮，媒體問他為何要這樣？

　　他說：「**老子的行為自己負責，國父閃一邊去。**」

　　李敖的觀念認為立委是代表民意，自己代表人民就要為自己的行為負責，他宣誓的對象是自己，就代表自己為人民負責，而不是找國父遺像負責。

　　姑且不論他的政治色彩，這種負責任的態度是很重要的，看似跟投資理財無關，但若投資人都有這樣負責的態度，對於自己投資的股票盈虧是自己負責，別找藉口說什麼新聞、分析師、理專不準，這才能有所進步，一昧地把

責任推給別人，到頭來啥都沒學到。

　　心靈自由是可以透過生活中的反思，慢慢訓練達成，這期間必須經常和自己對話，有些投資人對於損益的波動感到不安心，這時候若把投資部位縮到極小，舉個極端例子，假設用100元台幣去投資，就算遇到虧損50%，認賠賣出頂多也損失50元台幣，這種微不足道的金額也許投資人根本不會放在心上。

　　從這點可以延伸很多待人處事之道，若把對人的期待轉化成數字，當你對一個人期待非常高，投入很多情感時，萬一對方的反饋不如預期產生跌幅，那對你來說這個損失會很有感，反之，若你投入的情感跟期待極少，無論對方的反饋是好是壞都不至於牽動你的情緒。

　　還有投資人要學習一點，就是**他人的損益跟你自己無關**，隨著網路資訊發達，許多社群媒體都會有人秀出他們的對帳單，有些人貼出對帳單可能單純紀錄跟分享經驗操做，但有些人貼對帳單的目的是出於商業考量，比方收會員、賣課程軟體，只要有牽涉利益關係的資訊，大家真的要謹慎，現在網路P圖也很方便，是真是假很難辨別，若是單純出來炫耀跟分享喜悅，那倒無傷大雅，當作茶餘飯後閒聊即可，投資朋友要理解一點，當你看到別人貼出賺大錢的對帳單時，若你的思緒會被影響，這時你可以這樣想，**別人賺錢或賠錢關我啥事？**

這不是在教各位催眠自己當作沒看到，而是認認真真地問自己，看這些對於自己學習投資的實際幫助到底在哪？

　　看別人賺錢自己也會賺嗎？看別人虧錢會感到安慰嗎？

　　如果有以上念頭，還希望各位可以趕緊導正，多關心自己的狀況，少介意別人的損益，相信大家都在過年時會看到網路盛傳的迷因梗圖，關於過年時長輩會關心的話題，結婚了沒？薪水多少？

　　或是拿親戚朋友來比較誰的成就高，這類話題在無形中會給人壓力，但我這種奈米戶就完全不會感到壓力，我反倒好奇，這些人在知道對方的薪水跟婚姻狀況、生活條件以後，真的會感到開心或難過嗎？

　　假設知道對方過得比自己差，你會感到開心，等於自己騙自己原來我過得比別人好；反之若知道對方過得比自己好，而你會感到難過的話，其實也不太必要，因為你還是可以在社會上找到過得比你差的人。

　　說到底顧好自己的處境比關心別人來的重要，就算想幫別人忙，前提也要先顧好自己，當然有些親戚朋友問這些問題時，他們可能是真的實際上會提供協助，比方知道親戚的小孩正在求職上遇到困難，直接給予相關協助，這案例也是有的。

　　但作為投資人而言，過度關心他人的損益滿沒必要的，何況你還不清楚網路上的對帳單真假與否，我也有在IG追蹤幾位交易高手的貼文，他們的收益都是非常驚人，但我更佩服的是，這些高手的內文都會提到風險控管的部分，這種賺錢背後是靠如履薄冰的態度去面對市場，值得大家學習，這些高手的心理素質都堪稱極強，他們在追求財富的同時，已經達到了心靈自由，與其說是為了財富而交易，不如說他們是追求心靈層面的東西，只是手段用的是交易～

奈米尸學鋼琴

　　都說交易市場是充滿人性的地方，眾多形形色色的投資交易人，其個性、思想跟成長背景都不同，如果能夠掌握人性，就好比常聽到的那句話，「別人貪婪我恐懼，別人恐懼我貪婪。」

　　人性的弱點反映在交易市場上，使得部分投資人在危機中入市能有利可圖，身為奈米戶的我只能跟著市場隨波逐流，首要目的是控制風險以求不大賠，即便是遇到空頭落底，我仍然是會做資金控管進場，為的就是當行情不如預期時，還有轉圜餘地，正因為我的投資節奏不算太積極，我也不是專職交易人，所以當遇到盤整或是需要等待行情時，平常下班空閒就可以安排其他活動，今天就來跟大家分享我的生活趣事——學鋼琴。

奈米戶鋼琴之路——二十八歲初學鋼琴

　　這個小標題的靈感來自動畫《孤獨搖滾！》，官方動畫製作組在Youtube上用「吉他英雄之路」為標題，記錄孤獨搖滾裡面的女主角聲優（青山吉能）本人學吉他的心路歷程，本系列一共十三集，最後一集的內容是由聲優青山跟樂團老師們去演奏片頭曲，這系列是很勵志熱血的，看著聲優從一個吉他門外漢，到最後能夠跟樂團一起演出，真的是有志者事竟成！

　　（這部動畫也很好看～）

　　要說我目前生活的重心在哪，除了當社畜賺錢養活自己以外，在我28歲那年我找了音樂教室並報名鋼琴課程，開始學習鋼琴之旅！

　　學鋼琴的念頭是一天一天累積下來，最終付諸行動，我的閒暇生活偏「宅」，下班後基本上都是宅在家居多，假日也鮮少出門，跟很多人一樣會在家追劇、看動畫、電影或是逛youtube等，在看《進擊的巨人》這部動畫時，我被它的配樂震撼到，查了工作人員名單後，得知負責配樂製作人是澤野弘之，我就去找他以往的音樂作品來聽，漸漸地我在追劇或是看動畫時，開始會去仔細聽劇中的配樂，在youtube上我很喜歡看街頭演奏音樂的影片，比如

在國外車站的公共鋼琴，會有些神人去彈奏動畫或電影配樂，我常常花很多時間在看這些影片，突然有個念頭閃過，與其看別人演奏好聽的音樂，不如我也來學習演奏音樂好了，學起來就可以挑自己喜歡的音樂來演奏！

學音樂的範疇非常廣，合唱團、聲樂這種是不需要樂器的，需要樂器的又分打擊樂、弦樂、國樂等，那麼到底要從哪一種入手好呢？

都已經28歲才開始學音樂，這來得及嗎？

交易是一趟尋找自我的旅程，我提到這句話並不是硬要把學音樂跟投資混在一起談，而是要清楚自己要的是甚麼，目標必須要明確且合適，這樣學習的過程才會肯付出也能學得久，如果一開始目標不明確或是太過艱難，對我來說可能會失去學習動力，對一個28歲毫無音樂底子的人來說，若目標只是想彈奏自己喜歡的音樂，別說28歲，就算到了70、80歲都還來得及；但若目標是考取音樂博士或頂尖音樂班，那肯定是來不及，很簡單的邏輯去思考，從小學音樂的人都未必能考上頂尖音樂班，何況是毫無底子的成年人。

所以我很清楚，我目標是想建立基礎演奏能力，可以演奏自己喜歡的音樂，這目標是可達成的、是努力就能達

成的，它有努力的價值我才會願意花時間，至於為何會選擇鋼琴呢？

　　前面提到的音樂製作人澤野弘之他是用鋼琴在演奏，而我也很喜歡看國外車站的公共鋼琴演出，若學會鋼琴彈奏能力，哪天出國到了有擺鋼琴的車站，就能夠彈奏幾首自娛，~~滿足想秀兩手的虛榮心~~，為了方便練習不吵到左鄰右舍，我先購買了電鋼琴，這種電鋼琴可以接耳機收音，就不怕吵到住處的鄰居，而且費用也相當親民，擺一台在家裡方便練習，接下來就得考慮是否要找老師學習。

　　買完電鋼琴後，一開始我是先從網路影片自學，自學了一陣子我發現我想問的東西太多了，與其在網路上找資源自學，不如就找位鋼琴老師，將來學習有疑問就能直接問老師。

　　之後我在網路上找到了一間離家不遠的音樂教室，除了教鋼琴以外，音樂教室還有木琴、爵士鼓等打擊樂器課程，老師人很好，第一堂課試教免費，我記得很清楚，我當時問了很多問題，還把我常聽的配樂播給老師聽，問老師這些配樂的和弦要怎麼靠聽去抓出來，老師也有現場示範演奏並講解。

　　但真正讓我下定決心要在這裡學習的理由，是我找了一首澤野弘之的配樂，老師在沒聽過這首曲的情況下，僅

X. 奈米ρ學鋼琴

僅是看著譜就幾乎完整呈現整首曲的抑揚頓挫，甚至還現場即興改編，我當下看到是完全嚇呆，如果我能練成這樣那就圓夢了，我也想要有這樣的功力能看著譜彈**視奏**跟**即興改編**！

隨後就跟老師闡明我的學習動機跟目的，是希望可以彈奏自己喜歡的歌曲，而我喜歡的歌曲都是流行音樂或動漫配樂，由於有些音樂老師可能會希望先從基本功開始練，或是從古典樂開始琢磨，所以這點我得先跟老師取得共識，在老師答應後我就開始學習鋼琴之路，第一首練習曲就是從動畫《你的名字》的配樂開始！

腦袋與手腳的交流——初學鋼琴

在網路買了一本動畫《你的名字》的鋼琴譜，老師挑了裡面比較適合初學者的曲給我練習，一開始當然是先學基本看譜，並且從彈奏C大調的歌曲開始，C大調的好處就是幾乎沒有升降記號，也就是主要彈鋼琴的白鍵即可，頂多一兩個音會有升降，C大調整體來說對初學者是相對友善的，然而我馬上就遇到第一個問題，我的手腳與腦袋的連結有障礙！

在鋼琴演奏上，左手通常是彈奏和弦，右手負責主旋律，腳踩踏板是要延長聲音，剛開始彈奏會先分別練習，右手彈一遍主旋律，然後跟著節奏把左手和弦加進來，起初分開練都沒太大問題，但當左右手要合在一起彈奏時，腦袋就像卡住一樣，左右手會互相搶拍或是彈錯音，過程中我好幾次都練到笑出來，自覺很蠢又很有趣，一個年近三十歲的成年人，彈個單音又慢節奏的樂曲，又是友善C大調，居然會卡成這樣，相較之下有些五、六歲的小朋友都彈得跟神一樣，要是被小朋友看到我的練習過程，他們反應大概會是……叔叔在幹嘛？

想到這個情境我就時常邊練習邊笑，學習的過程中，就是反覆讓手腳跟腦袋打架，最終我在約一個月後已經把譜背下來，彈奏過程也順暢很多，只是會偶爾錯音或卡

X. 奈米戶學鋼琴

住，真的可以完整彈奏過一次，花了大概將近兩個月的時
間，兩個月學一首簡單的C大調曲，我其實已經很滿足，
甚至我還自己錄音並剪輯影片，將《你的名字》動畫背景
音去掉，自己彈奏鋼琴補配樂上去，這過程真的是很有成
就感！

初次比賽就奪冠——卡農C大調

學完動畫《你的名字》裡面的插曲，老師推薦我可以嘗試彈奏C大調的卡農，卡農這首歌是大家耳熟能詳，尤其是韓國電影《我的野蠻女友》播出後，又將卡農的人氣往上衝了一層，C大調的卡農有個特色，左手的和弦進行都是固定的，依序是CGAEFCFG……以此循環，對初學者來說不僅好背，卡農和弦也是流行歌會常用的伴奏進行，彈奏卡農的過程也能學到很多樂理知識，為什麼卡農和弦會這麼常見？這跟它是幾度音有關，老實說我的樂理知識也是邊練邊學，雖然沒有像音樂班那樣硬底子打基礎，但也加減學了些皮毛～

~~（沒想到我居然也有談音樂的一天）~~

在學習卡農的同時也正在練一首流行歌——周杰倫的〈稻香〉，稻香的好處也是左手和弦是固定順序，不過稻香是A大調就會遇到升降記號(需要彈奏黑鍵)，和弦依序是AEFCBEA……以此循環，練完稻香的左手和弦其實就可以自彈自唱，雖然一開始練也是要花時間讓手腳跟腦袋打架，不過練完會發現稻香其實是好記又好彈又好聽！

這時間點大概是我學鋼琴的第三個月，這時老師有問我要不要參加鋼琴比賽，在台灣有很多音樂機構都有辦比賽，通常音樂班的學生會去報名，除了驗收自己的成果

X. 奈米戶學鋼琴

外，報考音樂學校可能也得有比賽經歷，至於像我這種成人學鋼琴去參賽的客群，通常是單純給自己一個目標，為了參賽就會想努力練琴，於是我就報名了鋼琴比賽，並選了C大調卡農作為參賽曲！

報名完鋼琴比賽後，距離比賽當天大概還有兩個月左右，這兩個月我就專心地只練卡農，我所彈奏的卡農是簡易版C大調，所謂的簡易版意思是和弦伴奏型態是簡單的，右手的主旋律是單音為主；困難版的卡農可能是和弦伴奏豐富，然後主旋律加了很多和聲，比如雙手要同時彈奏4～6個音，或是節奏有切分音等，我比賽的版本是用簡易版，所以難度係數是偏低的，大家可以想成歌唱比賽，歌曲一定也有難度分別，難度越高的歌曲若表現得好分數就高，但同時相對難唱；難度係數低的歌曲唱起來容易，但唱得再好終究分數給得有限，不過賽前我倒是不在意名次分數，只是希望能夠將平常練習的水準發揮出來。

賽前一個月我幾乎是天天都在練卡農，睡前彈、洗完澡彈、起床也彈，幾乎已經把卡農練成「肌肉記憶」，賽前老師也告訴我比賽的流程跟應對事項，上台敬禮跟結束時的收尾，我都在音樂教室彩排過，接著就是等比賽到來！

比賽當天，我獨自開車前往高雄某處學校的展演廳，到了會場看到許多音樂班的學生在備賽，有小提琴、管樂、鋼琴等，很多都是家長或老師帶著孩子參賽，看到這情景我又忍不住想笑，我一個年近三十的叔叔，學幾個月就參賽，參賽還用簡易版的C大調卡農，現場這些小弟弟、小妹妹他們的樂曲很多都是比賽指定，難度比我這卡農要高很多層次！！

「這叔叔是不是不想贏，怎麼用這首比賽？」這是我心中的OS，我的人設與現場的氛圍格格不入，真的很有趣！

完成了報到手續跟簽到後，得知我的出場順序是在該組的最後一位，就是傳說中的壓軸，當下我還沒有緊張感，即便是在台下等候時也不會特別覺得緊張，開玩笑，上台表演的經驗我以前也不是沒有，高中跟大學都曾在校園活動上表演過武術，更別說近年還回母校辦過演講。

「台上面對觀眾這件事情有甚麼好怕的？」

「再加上在家練習很多次，在音樂教室也跟老師彩排過了，實在想不到有甚麼好擔心的，彈錯音就裝沒事繼續彈即可，把平常練習的發揮出來就好！」

這是我當時的心聲，殊不知我即將大難臨頭……

X. 奈米戶學鋼琴

大難臨頭尚不自知――演出的當下

很快地輪到我上台彈琴，我緩緩地走到舞台中央，向台下評審老師鞠躬，鞠躬完畢再慢慢地坐在鋼琴椅，並將人中心位置對在中央mi附近，在彩排跟練習的過程中也有練習坐姿跟儀態，準備就緒後，我踩下踏板彈了第一個音。

「咦？是不是沒有聲音？這觸鍵好像怪怪的！
我再重彈一次好了！」

於是我再重彈了第一個音……

「欸不對！我是在比賽耶，
我剛剛是不是重複彈了第一個音？」

「為什麼鋼琴的聲音我聽不太到？
這個觸鍵按下去有沒有聲音？」

這時候我才意識到，我頭上有一盞黃色聚光燈，它打在舞台上的鋼琴，全場所有人的目光都在舞台上、都在聽我彈鋼琴，然而，我卻失誤重複彈了第一個音……

「慘了慘了，手腳開始發抖、坐姿開始僵硬，不管了直接從A段開始……」

　　當下我不敢再重複彈第三次第一個音，為了順暢直接從A段前奏開始！

　　我的腦袋基本上是有點空白，彈奏的過程中幾乎都是靠「肌肉記憶」去完成，過程中我知道自己彈的速度偏快，但我絲毫不敢慢下來，怕一慢下來會失去肌肉記憶的感覺，因此不敢中斷整個彈奏過程，於是我的手腳在顫抖的情況下，腦袋只能一直提醒自己千萬不能中斷，要儘快完成演奏！

　　到了卡農的最後一段收尾時，我才找回練習的感覺，緩緩地放慢節奏，按照平常練習的那樣，最後幾個音斷點要明確，換踏板要精準，收尾要收得漂亮才行！

　　完成收尾後，我不疾不徐地離開鋼琴椅上，走向舞台中央再次向評審老師跟台下觀眾鞠躬，再慢慢地走回台下休息區，等待揭曉成績……

　　我走回休息區後一直很懊惱，成績跟名次倒不是我參賽的主要原因，但如果說平常練習的分數是100分為標準，這次比賽大概就是40～50分，不僅沒有把練習的成果發揮出來，還因為緊張導致平常沒有失誤的地方都有小瑕疵，賽前完全不會緊張，但我沒有想到的是台上的鋼琴聲

X. 奈米戶學鋼琴

跟觸鍵會如此陌生,尤其是聲音發出來的位置,在家裡跟音樂教室因為場地小的關係,所以很清楚可以聽到鋼琴聲,但是在舞台上是比較寬敞的,平台鋼琴發出的聲音位置也不同,加上我幾乎沒有在這麼多人面前彈琴過,出一點小狀況就立刻失常,這些都是我賽前沒有考慮到的部分。

當下我馬上知道自己不足的地方,除了練習還可以加強以外,一定要在人多或是公共的地方彈琴,訓練自己膽量同時也要多接觸不同種類的鋼琴,這樣下次比賽遇到新的鋼琴時,出現小失誤就還能救得回來,不會像今天這樣開頭就有點呆在比賽當下,其實說呆,大概就是彈奏第一個音,那2～3秒的時間稍微卡住,台下可能聽得出來這人是新手有失誤,但對我來說是大失誤,畢竟出現了平常練習沒有過的失誤,慌了雖只有2～3秒,我當下卻是度秒如年!

頒發冠軍獎盃——拔得頭籌

　　成績大概不到半小時就出爐了，我往走廊的公布欄一看，我記得分數是86.5分，跟我同場的有高中、國中以及國小的弟弟、妹妹們，分數最低是87.5分、最高有看到92分的，其實這完全不意外，除了我曲子難度本身偏低以外，主要是我彈奏的過程真的是彈不好，自己只給自己40分不到，當我準備收拾東西離開時，赫然看到名單旁邊註記名次，我的名字旁寫著〝第一名〞！

　　我跑去問主辦方：

　　「我分數是最後一名，怎麼會寫第一名？」

　　主辦方：「哦～因為你是社會組，阿社會組只有你一個人參賽，所以你第一名。對了，你的鋼琴老師大名是？第一名是師生都有獎盃，你要領兩個獎盃。」

　　原來社會組這次只有我一人參賽，所以我拿了第一名……

　　領完兩個獎盃跟獎狀後，我回到休息區要拿參賽證時，看到下一場要比管樂的學生在排隊，我經過學生人群有學生跟我說：「恭喜！好厲害哦～～」

X. 奈米ㄗ學鋼琴

　　我當下頭低低的道謝，心裡想：「事情不是你們想的那樣阿！」

　　拿著兩個獎盃獎狀，走往停車場的途中我都在憋笑，這到底是甚麼狀況，拿獎後想笑的喜悅不是來自彈琴這件事，而是「只有你參賽所以你第一名」，這句話真的是太中肯又好笑，我在我個人的IG限時動態只PO了跟冠軍獎盃的合照，不明所以的人還以為我是天才，鋼琴學不到半年就參賽奪冠，看完剛才的完整過程，現在你們知道我奪冠的原因了⋯⋯

給自己一個交代——公共鋼琴

回到車上放好獎盃後，我還是覺得心有不甘，獎盃名次真的不重要，我還是很介意剛才沒有發揮好自己的實力，剛好比賽場地附近離衛武營很近，而在衛武營有一台公共鋼琴放在廣場，我當下就開車前往衛武營，不能就這樣回家，一定要雪恥並給自己一個交代。

到了衛武營的公共鋼琴處，旁邊有些人坐在椅子上聊天，只有零星人潮來往，我看著沒人彈的公共鋼琴，就走過去彈奏了卡農。

果然，這台鋼琴的觸鍵又跟比賽那台完全不一樣，不僅不一樣，有些音還怪怪的，琴鍵按下去的反饋感也是全新感受，我第一次彈的當下也是稍微卡卡的，完整彈過一次卡農後，不想霸佔鋼琴區，我就離開鋼琴椅，看有無其他人要彈，等了3～5分鐘後，鋼琴區都沒人去彈奏，我又再坐上鋼琴椅，再次彈奏卡農，這次我有把握一定會彈得比剛剛好！

第二次彈奏衛武營的公共鋼琴時，觸鍵已經沒那麼陌生，鋼琴聲音位置也大概抓到了，終於有發揮出自己平常練習的樣子，這時候周圍有些許人潮經過，餘光瞥到有人拿手機錄影，但這時我已進入自己的領域，甚至可以像平

X. 奈米戶學鋼琴

常練習那樣，稍微做點觸鍵變化，彈奏完畢時，周圍響起零散的掌聲，我緩緩地站起向四周鞠躬道謝。

「好了，我終於可以放心回家了。」

在衛武營完成首次的公共鋼琴表演後，我打從心底佩服所有的音樂家跟演出者，能夠在人群面前表演還不失色，完整地呈現一場演出實屬不易，除了要將自己練習的成果呈現以外，演出當下的失誤狀況要如何即時克服，這些都是考驗演出者的功力！

由於第一名的獎盃老師也有份，我在下次上課時將獎盃跟獎狀遞給老師，並跟鋼琴老師分享這次比賽的經歷，也將我遇到的狀況跟老師闡明，老師聽完也說了自己以前在音樂班比賽的經驗，還有演出時遇到新的鋼琴甚至是電子琴，如何快速適應當下新環境，這些經驗都得是靠歷練而來的，其實賽前老師有跟我說：「敢上台就很了不起！」只是賽前我沒意識到自己會緊張，還以為能一帆風順地將自己練習的程度發揮出來，沒想到實際的狀況會是這樣，好在有這次比賽的經驗，讓我明白還有不足的地方可以努力！

補充個有趣的故事，經過比賽後的一年多，我跟上篇章提到的HY先生，因緣際會下跑到衛武營閒逛，當時是

餐廳訂位時間未到，就想說去衛武營廣場走走，走到了鋼琴區，我肯定要抓住機會彈奏一下，只是這次彈奏的不是卡農C大調簡易版，而是澤野弘之的作品——進擊的巨人某首插曲，這次演奏就順暢非常多，真的沒有甚麼緊張感了。

「台上一分鐘，台下十年功」

有這些經歷後，我更加認同這句話！

X. 奈米戶學鋼琴

學琴的心得總結

　　從第一堂鋼琴課至今邁入第三年，目前都還處於躍躍欲試的心情，還有很多首想彈的歌還沒練，買譜的速度永遠大於練琴的速度，每次看到新歌曲要買譜時，我都會勸自己三思，光這三年我的譜就買了5～6本，每本裡面都有20～30首曲，甚至還有一本是經典流行歌曲100首，然而這三年我練過的曲目大概不到20首，還有非常多好聽的歌等著我去練。

　　對學習鋼琴或其他樂器有興趣的讀者，我可以給些小建議，以鋼琴為例，我個人是先買電鋼琴放在家裡，再去找鋼琴老師上課，電鋼琴可以接耳機並調整音量，不怕練習時吵到左鄰右舍，若各位的居住環境跟經濟許可，當然直接買台直立式或平台鋼琴是最好的，如果條件都不到，電鋼琴是非常不錯的選擇，價格成本也算好入手，平常在家練習用電鋼琴，去外面上課再彈正式的鋼琴，剛好兩種鋼琴都可以練。

　　選上課的地點最好是離家近，這樣就能減少學習成本也減少給自己的藉口，不會因為太遠就懶得去，至於師資跟學費方面可以先跟老師聊過再決定，跟老師溝通學習的內容跟進度規劃，把你想學的東西跟老師說，雙方取得共

識學習起來就能事半功倍。

　　學音樂真的是滿有趣的，學過才知道箇中奧妙與其難度所在，現在聽到音樂我能簡單地分析出和弦跟主旋律，裝作音樂人的樣子聊音樂，也多了一個聊天話題～

XI

總結

　　上半章在跟各位說明觀察股票或大盤有哪些方法可以用，要查個股的資訊可以搜尋「goodinfo台灣股市資訊網」裡面內容超級詳細，包含財報、歷年股利、融資融券、重大新聞等，都可以在這網站找得到。

　　另外有個網站叫做「神秘金字塔」，可以在這裡看到大戶的持股變化，也就是集保籌碼資訊。

　　至於看盤軟體就端看各位是開哪家券商，基本上看盤軟體跟下單方法都大同小異，有疑問可以詢問營業員。

　　此外本書重點放在股票，其他商品像是期貨、選擇權、保險等，等之後有時間我會再考慮另出本書，期權也是一種投資工具，各位也可以去研究看看！

　　基本上我自己在用的工具大概就這些，看盤軟體跟網站其實就非常好用，當然現在還有很多好用的手機app，各位也可以去試試看，但基本上萬法不離其宗，只要是有上市上櫃的個股，他們的資訊你也可以在公開資訊觀測站看到！

下半章主要跟各位分享投資的心態面，我分享了幾則真人真事供各位參考，想要在投資市場獲利真的很不容易，市場上高手如雲，各位真的別輕易相信甚麼買○○或用這招○○就能穩定獲利打敗通膨，沒有甚麼是穩定獲利的，只要大於無風險利率就存在風險，這點要切記，做好資金控管並把風險意識擺在第一位，如此才能走得長遠。

　　若實在是對投資理財不感興趣或是厭倦了看盤，退出市場也是一種選擇，既然打不贏何必要硬拚呢？

　　人生還有很多有趣的事情，賺錢的機會也不單單只有靠投資理財，有時候選擇退場觀望也是很正確的！

　　這本書是我這個奈米戶的經驗分享，對於大戶或是成功的交易人來說，書中有很多投資觀念或許是有瑕疵的，畢竟我並不是甚麼大戶，擁有的資產連散戶都稱不上，不過市場上一定存在著非常多像我這樣的奈米戶，或許賦予此書意義的正是這種奈米戶的經歷，在這市場或世上我們都不是那麼重要，學習投資理財的過程中讓我更清楚自己的渺小，既然渺小，那麼勇於做自己去實現自己的理想，應該不至於影響到市場對吧？（金管會別抓我）在尋求自我的路上大家都不孤單。

XI. 總結

　　最後祝各位的投資能操作順利，感謝你們看我的書，雖然僅僅是市場上的一個奈米戶，但若仔細想想，這樣的奈米戶是隨處可見，我自知沒有優於他人，但我也不是最慘的那個～

　　每個人都有自己的難題要解決，希望這本書的內容能夠在某些地方幫助到各位，若看完覺得本書內容不錯，歡迎跟大家分享；若看完有感覺到身體不適、頭暈噁心甚至想吐，~~也歡迎分享給你的仇人~~。

　　　　感謝讀者們

　　　　　　　　　　　　　　　　　　　我是Soon

國家圖書館出版品預行編目資料

奈米戶之路：Soon 勢而為／Soon 著. --初版. --
臺中市：白象文化事業有限公司，2023.8
　　面；　公分.
　ISBN 978-626-364-068-9（平裝）
　1.CST：股票投資 2.CST：投資分析
　3.CST：投資技術
　563.53　　　　　　　　　　112009647

奈米戶之路：Soon勢而為

作　　者　Soon
校　　對　Soon
插圖設計　原竹
本書K線圖由神秘金字塔、股狗網授權使用
發 行 人　張輝潭
出版發行　白象文化事業有限公司
　　　　　412台中市大里區科技路1號8樓之2（台中軟體園區）
　　　　　出版專線：（04）2496-5995　　傳真：（04）2496-9901
　　　　　401台中市東區和平街228巷44號（經銷部）
　　　　　購書專線：（04）2220-8589　　傳真：（04）2220-8505
專案主編　陳逸儒
出版編印　林榮威、陳逸儒、黃麗穎、陳嬅婷、李婕
設計創意　張禮南、何佳諠
經紀企劃　張輝潭、徐錦淳
經銷推廣　李莉吟、莊博亞、劉育姍、林政泓
行銷宣傳　黃姿虹、沈若瑜
營運管理　林金郎、曾千熏
印　　刷　百通科技股份有限公司
初版一刷　2023 年 8 月
定　　價　320 元